호호양의 미니멀 재테크

KB117821

호호양의 미니멀 재테크

전유경(호호양) 지음

21세기북스

미니멀 재테크,
부자 되는 과정을 행복하게 만든다!

부자 되는 과정이 힘들어 포기하는 사람들을 위한 책

재테크에도 유행이 있다. 시기에 따라 부동산 또는 주식에 대한 뉴스들로 떠들썩하고, 그 유행에 따라 서점의 경제 코너가 채워진다. 이렇게 쏟아지는 재테크 정보들이 대부분 '투자 방법'에 집중되어 있다 보니 재테크는 왠지 복잡하고 어려워서 아무나 할 수 없는 것이라고 오해하는 사람들이 정말 많다.

또 다른 코너를 가보면 여러 가지 방법을 소개하는 짠테크 책들이 즐비하다. 4인 가족 식비가 10만 원에 불과한 저자들의 책을 보면 '나는 절대로 그렇게는 못 살아!'라는 말이 절로 나온다. 그래서 투자도 어렵고 아끼는 것도 자신 없어서 역시 이번 생은 포기하고 살던 대로 살아야 하나 싶다.

나 또한 재테크를 처음 시작할 때 이와 같았다. 온갖 투자 지식들은 너무나 진입 장벽이 높게 느껴졌고, 삶의 만족도까지 포기하며 매일 콩나물만 먹고 살 자신도 없었다. 하지만 그렇다고 이대로 포기할 수는 없었다. 그래서 그때그때 내가 할 수 있는 것에 최선을 다했고, 여러 시행착오 끝에 나만의 재테크 가치관을 가질 수 있게 되었다.

이 책은 예전의 나처럼 부자가 되려면 복잡하고 어려운 투자 스킬을 익히거나 삶의 만족도까지 포기해가며 절약해야만 한다고 생각하는 사람들에게 새로운 재테크 방향을 제시해주는 책이 될 것이다.

경제적 자유, 누구나 당장 이룰 수 있다

내가 생각하는 재테크는 투자나 부자 되는 방법이 아니라 내 돈에 관심을 가지는 행위 그 자체다. 때문에 거창한 경제 용어 하나 알지 못해도, 투자에 대한 전문 지식이나 투자를 시작할 종잣돈이 없어도 누구나 지금 당장 시작할 수 있는 재테크다.

재테크를 처음 시작하는 독자라면 오며 가며 들은 투자 성공담 때문에 마음이 초조할 것이다. 투자 성공담의 주인공처럼 빠르게 부자 되는 방법을 알고 싶어 이 책을 찾아 펼쳤을지도 모르겠다. 만약 이처럼 엄청난 투자 스킬로 빠르게 부자 되는 방법을 기대했다면 이 책은 그 기대에 부응할 수 없을 것이다.

물론 나 또한 여느 성공담의 주인공처럼 서른 살부터 내 돈에 관심을 가지기 시작해 4년 만에 자산을 4배 이상 빠르게 불렸다. 하지만 빠른 자산 증가에 크게 기여한 것이 특별한 투자 노하우나 지식이라고 생각하지 않는다. 오히려 나를 부자로 이끌어준 일등공신은 기본적인 월급 관리와 올바른 소비 습관, 그리고 나 자신에게 맞는 재테크 방법과 가치관을 찾은 것이다.

내 주머니로 들어오고 나가는 돈을 철저하게 관리하고 내 돈을 통제하는 일, 내 돈을 사랑하고 내 돈에 관심을 가지는 일, 이 과정 자체에서 행복을 느끼고 만족하는 것이 바로 부자로 들어서기 위한 기본이며 내가 생각하는 경제적 자유다.

꼭 월마다 들어오는 자본소득이 있어야 이룰 수 있는 게 경제적 자유가 아니다. 내 월급의 1,000원 단위까지 내가 원하는 곳에 지출하고 내가 계획한 저축을 하는 것, 그럼으로써 느끼는 자유가 바로 경제적 자유이며 그런 의미에서 나는 이미 충분히 경제적 자유를 이뤘다고 생각한다. 이처럼 내가 생각하는 경제적 자유는 월급이 적은 사람도 누구나 당장 이룰 수 있는 것이다.

재테크를 포기하고 싶지 않아 시작한 '미니멀 재테크'

나 또한 처음에는 빨리 부자 되는 것에 집중해 재테크를 시작했다. 하지만 결국 얻은 것은 좌절뿐이었다. 부자가 되고 싶어 시작한 재테크가 오히려 나를 괴롭게 했고, 부자가 되는 것 자체를 포기할 뻔했다.

그래서 재테크를 포기하고 싶지 않아서 시작한 게 바로 '미니멀 재테크'다. 예전의 나는 빨리 부자가 되고 싶어 쏟아지는 수많은 재테크 정보들 속에서 허우적댔다면, 미니멀 재테크를 시작한 이후에는 수많은 정보들 중 내 스타일의 정보만 취사선택해 스트레스를 받지 않는 선에서 시도한다. 빨리 부자가 되는 것이 아니라 돈 관리 그 자체에서 행복을 느낄 수 있도록 속도를 조절한 것이다.

결국 누구나 행복하고 싶어서 부자가 되길 꿈꾸고, 부자가 되기 위해 재테크를 시작한다. 따라서 부자가 되고 싶어 시작한 재테크가 나를 행복하게 하기는커녕 괴롭고 힘들게 만든다면 아무 소용이 없다. 그래서 나는 '미니멀 재테크'를 하며 부자 되는 과정 자체에 행복을 느끼는데 집중하고 있다. 혹시 재테크를 하며 늘 괴롭고 현타가 오는 사람이라면 나의 재테크 가치관인 '미니멀 재테크'가 해답이 될 수 있을 것이라 확신한다.

나는 많은 사람들이 예전의 나처럼 재테크를 투자라고 생각하거나 꼭 엄청난 절약을 해야만 제대로 된 재테크라고 생각한다는 것을 깨닫고 "누구나 재테크할 수 있다!", "재테크, 어렵지 않다!"라는 사실을 알리고 싶어 2019년부터 재테크 유튜브 채널을 운영하기 시작했다. 그렇게 직장을 다니며 시작한 유튜브 채널이 약 2년 만에 벌써 구독자 4만 명을 달성했다.

2020년에는 1인 기업을 차리고 내 꿈이었던 평범한 사람들의 월급 관리를 돕는 일을 시작했다. 직접 "돈 쓰면 가계부 쓰자!"는 의미의 '돈가쓰 프로젝트'를 기획해 재테크 강의와 가계부 코칭을 시작한 것이다.

감사하게도 가계부 코칭을 반년 정도 진행하며 얻은 노하우를 이 책에 모두 담을 수 있었다. 이 책에 담긴 월급 관리 노하우와 가계부 관리법은 수강생들이 어려워하는 부분에 초점을 맞춰 집필한 것이다. 따라서 누구나 당장 따라 할 수 있는 쉬운 내용만 담았기 때문에 마음만 먹는다면 누구나 바로 실천할 수 있을 것이다. 책에 담긴 내용만 따라 해도 내 월급을 통제하는 경험을 할 수 있을 것이다.

이 책은 총 5장으로 구성되어 있다.

1장 '재테크 성공, 미니멀 재테크가 답이다'에서는 행복한 재테크를 지속하는 방법이자 나의 재테크 가치관인 미니멀 재테크에 대해 이야기해보았다. 2장 '부자 되는 마인드 세팅'에서는 스트레스 없이 소비를 줄일 수 있게 해주었던 일등공신인 부자 되는 소비 습관과 라이프 스타일을 담았다.

3장 '평생 써먹을 수 있는 현실적인 월급 관리법'과 4장 '누구나 부자로 만들어주는 가계부 관리법'에서는 유튜브 강의를 넘어 직접 수강생들을 만나 6개월에 걸쳐 평범한 사람들의 가계부 코칭과 월급 관리를 도우면서 얻었던 월급 관리 방법과 가계부 작성에 대한 나만의 실전 노하우가 담겨 있다.

마지막으로, 5장 '재테크 한계를 뛰어넘어 자산을 레벨업하는 투자법'에서는 소비 관리와 종잣돈 만들기에서 한 단계 높여 추가 수입 만들어내는 방법, 자산을 크게 키우는 여러 가지 투자 방법에 대한 이야기들을 담았다.

처음 재테크를 시작하는 독자들에게 10평짜리 오피스텔에서 벗어나기 위해 고군분투하며 얻은 나만의 스토리와 노하우가 재테크 방향을 잡는 데 도움이 되었으면 한다.

전유경

| 차 례 |

프롤로그 미니멀 재테크, 부자 되는 과정을 행복하게 만든다! ··· 4

1장
재테크 성공,
미니멀 재테크가
답이다

나는 왜 돈을 모으지 못했을까? ··· 17
소비 대장이었던 내가 어떻게 돈을 모았을까? ··· 27
당신은 재테크에 대해 오해하고 있다 ··· 32
어떤 재테크를 해야 할까? ··· 39
부자가 되려면 부자의 기준이 필요하다 ··· 48
초저금리 시대, 돈 공부는 필수다! ··· 53

2장
부자 되는
마인드 세팅

습관이 부자를 만든다 … 61

부자 마인드 vs 빈자 마인드 … 76

나의 소비를 확 줄여주는 질문 4가지 … 81

나는 차라리 속물이 되기로 했다 … 87

물건 정리를 하면 돈이 모인다 … 92

미니멀 라이프, 내 인생을 바꾸다! … 98

3장

평생 써먹을 수
있는 현실적인
월급 관리법

돈이 잘 모이는 남다른 목표 설정 방법 … 107

돈은 모으고 싶지만 신용카드도 사용하고 싶어! … 114

사회 초년생, 이것만 피해도 더 빨리 부자가 된다 … 123

통장, 어떻게 쪼개서 관리해야 할까? … 134

편하게 부자 되는 부자 시스템이 있다 … 140

퇴사하고 싶다고? 내 월급의 가치를 평가하라! … 147

4장

누구나 부자로
만들어주는
가계부 관리법

소비를 확 줄여주는 가계부 작성법이 있다 … 155

가계부의 고정비는 진짜 고정비일까? … 165

가계부, 무엇으로 쓰면 좋을까? … 171

가계부에도 피드백이 필요하다 … 178

식비를 절약해주는 6가지 스킬 총정리 … 187

5장

재테크 한계를
뛰어넘어 자산을
레벨업하는
투자법

절약만으로는 재테크에 한계가 있다 ··· 199

평범한 직장인의 부수입 만드는 방법 ··· 209

부수입 만들기에 성공할 수 있었던 비결 3가지 ··· 220

돈 없을 때도 할 수 있는 재테크 방법이 있다! ··· 225

첫 투자로 주식보다 부동산을 선호하는 이유 ··· 233

돈이 없을수록 부동산 공부를 해야 한다 ··· 241

이런 집은 절대 사지 마라! ··· 247

첫 부동산 투자 실패에서 얻은 것 ··· 254

에필로그 부자 되기를 절대로 포기하지 마세요! ··· 264

부록 꼭 알고 있어야 하는 전세 계약의 모든 것 ··· 268

1장

재테크 성공,
미니멀 재테크가 답이다

나는 왜 돈을 모으지 못했을까?
소비 대장이었던 내가 어떻게 돈을 모았을까?
당신은 재테크에 대해 오해하고 있다
어떤 재테크를 해야 할까?
부자가 되려면 부자의 기준이 필요하다
초저금리 시대, 돈 공부는 필수다!

나는 왜 돈을
모으지 못했을까?

결혼하기 전까지 나는 적금 통장 하나 끝까지 유지한 적 없는 소비 대장이었다. 매달 대단하게 큰 소비를 했거나 만족스러운 쇼핑 한 번 한 적 없는데 늘 카드값이 200만 원 이상 나왔다. 매달 천 원, 만 원 단위로 수십 개의 소비 내역이 찍힌 카드 명세서를 받고는 몇 줄 읽다가 '에라 모르겠다~' 하며 외면하곤 했다.

그러다 가끔 친구들 모임에 나가서 나보다 적게 버는 친구가 많은 돈을 모았다는 이야기를 들으면 한없이 내가 한심하게 느껴져서 밤새 재테크 방법을 검색했다. 당일은 의욕에 넘쳐 '이제부터 나도 진짜 절약해서 돈 많이 모을 거야!' 다짐하며 잠들었지만 자고 일어나면 언제 그랬냐는 듯 시들해지고 결국은 원래의 소비 패턴으로 돌아오길 반복했다.

'쥐꼬리만 한 월급에 모을 돈이 어디 있어.'

'역시 난 의지력이 약해서 안 돼.'

'지금의 소비 생활을 포기하고 싶지 않아!'

이런 말로 자위하며 항상 내가 돈을 모으지 못하는 이유는 내 수입이 적고 내 의지력이 약해서라고 합리화했다. 또한 지금보다 덜 쓰고 살면 더 불행해질 것이라고 철석같이 믿었다. 하지만 막상 열심히 저축해 돈을 모아보니 이와 달랐다.

월급이 적어서 못했다고?

월급이 적어서 돈을 모으지 못한다는 것은 핑계에 불과하다. 적은 월급은 죄가 없다. 급여가 적은 사람들이 돈을 모으지 못하는 이유는 월급이 적어서가 아니다. '한 달에 20만 원씩 모으나 안 모으나 어차피 부자 되는 것도 아닌데 그냥 쓰고 살래!' 하며 저축 자체를 '포기'하기 때문이다. 10만 원, 20만 원 정도의 월 저축액을 하찮게 여기는 것이다.

솔직히 월 20만 원씩 모아서 부자가 될 수 없다는 것은 외면할 수 없는 명백한 사실이다. 그럼에도 불구하고 아주 적은 돈이라도 월급의 일부를 떼어 저축해야 한다. 매월 저축하는 절대적인 금액 자체는 하찮을지라도 저축하는 습관과 절약하는 태도를 만든다는 것만으로도 충분히 가치가 있기 때문이다.

실제로 내 지인 A는 재테크에 전혀 관심도 없고 태어나서 한 번도 가계부를 써본 적이 없지만 부모님께서 어릴 때부터 저축하는 습관을 만들어주셨다. 덕분에 대학교 때 아르바이트해서 번 돈도 아무리 적은 돈이라도 급여의 일정액을 떼어 저축했다. 결과적으로 그 친구는 대학교를 졸업할 때까지 경차 한 대 값 정도의 종잣돈을 모았다.

저축하는 습관은 이 친구의 소득이 높아졌을 때 그 진가를 발휘했다. 취업하자마자 습관대로 바로 은행에 방문해 급여의 70%를 저축했고, 3년 만에 원금만 7,000만 원 이상을 모았다. 주위 친구들이 어떻게 돈을 그렇게 많이 모았냐고 궁금해했지만 그 친구는 별로 해줄 말이 없었다. 어릴 때 잡힌 습관대로 월급의 일부를 떼어 저축했을 뿐이었다.

나는 대학교 때 보험사의 영업에 혹해 뭣도 모르고 가입한 저축보험을 하나 가지고 있다. 한 달에 5만 3,200원씩 나가고 있는데 해지하면 손해가 크고 월 납부 금액이 부담스러운 액수는 아니라 아직까지 유지하고 있다. 납부 기간은 20년, 만기 30년짜리 상품이다. 가입한 지 3년쯤 되었을 때 건강이 좋지 않아 일을 1년 정도 쉬었던 적이 있다. 그때는 한 달에 5만 원도 너무 부담스러워서 언제 납부 기간 20년을 채우나 깜깜했다.

하지만 시간은 생각보다 빠르게 흐른다. 벌써 이 상품을 가입한 지 13년이 흘렀고 납부한 금액이 원금만 무려 800만 원 정도가 된다. 맛있는 외식 한 끼 사먹을 수 있는 돈, 5만 원이 꾸준히 모여 우리 집 생활비의 네 달 치 규모의 꽤 큰돈이 되었다. 티끌 모아 태산 이라는 말이 괜히 있는 것이 아니다.

자신의 월급에 만족하는 사람은 아무도 없을 것이다. 나 또한 결혼 후 남편과 둘이 벌어 월 소득이 배 이상 늘어났지만 여전히 우리 소득에 만족하지 못했고 월 저축액에도 만족하지 못했다. 여전히 월 저축 금액이 턱없이 부족하게만 느껴져 불안했고, 때로는 다 포기하고 대충 살고 싶었다. 나는 이렇게 흔들릴 때마다 "첫술에 배부르랴"라는 문장을 반복해서 가계부 귀퉁이에 적었다.

그리고 4년 후 이제는 공책에 꾹꾹 눌러 적지 않아도 알고 있다. 지금은 하찮게 보이는 이 돈이 나중에 내가 하고 싶은 것이나 하고 싶지 않은 것을 선택할 때 망설이지 않도록 해줄 것이다. 저축하는 습관은 큰 자산이다. 저축하는 습관을 지닌 사람은 아무리 적은 월급에도 부자가 될 가능성이 크다. 반면에 버는 족족 지출하는 습관을 가진 사람들은 월 급여가 아무리 늘어난다고 해도 그에 따라 카드값만 늘어날 뿐 부자가 되지 못한다.

의지가 약한 이들을 위한 재테크 방법 2가지

대부분 사람들은 "돈을 모으고는 싶지만 의지대로 되지 않는다" 라고 말한다. 하지만 의지가 약한 사람들도 돈을 모을 수 있는 방법이 있다. 의지력이 필요하지 않도록 돈을 쓰지 못하는 환경을 만드는 것이다. 이렇게 두 가지 방법을 쓰면 된다.

step1. 신용카드를 잘라라

매월 카드값이 나가고 나면 남는 돈이 없어 저축할 수 없다고 하소연하는 친구들이 많다. '쓰고 남는 돈'을 저축하겠다는 생각부터가 잘못되었다. '쓰고 남는 돈'이라는 것은 없다. 의지력이 강한 사람일지라도 돈이 수중에 있으면 쓰기 마련이다.

심지어 신용카드는 있지도 않은 돈을 쓸 수 있게 만들어주는 도구다. 즉, 미래에 들어올 내 급여보다도 더 많은 돈을 지출할 수 있도록 해준다. 사용할수록 지출이 늘어나는 신용카드는 의지력이 약한 사람에게 독이나 다름없다.

내가 과외교사를 할 때 가르치던 학생 B는 고3이 되자마자 핸드폰을 해지했다. 자신은 의지력이 약해 핸드폰이 있으면 공부할 때 계속 꺼내보게 된다면서 핸드폰을 해지하고 부모님에게 맡긴 것이다. 이처럼 의지력이 약하다면 '행동할 수 없는 환경'을 만들면 된다.

다이어트를 하고 싶다면 냉장고부터 비우고, 소비를 줄이겠다면 신용카드부터 잘라야 한다. 신용카드를 지갑에 여러 개 넣고 다니면서 소비를 줄이겠다는 것은 핸드폰을 손에 쥐고 다시는 사용하지 않겠다고 다짐하는 것과 같다.

신용카드를 해지하려면 지금까지 사용한 카드 대금을 완납해야 한다. 카드 대금을 완납할 현금이 없어 카드를 자를 수 없다고 하소연하는 사람들이 수두룩하다. '이번에는 꼭 소비 통제에 성공하겠다'고 마음먹었다면 부모님께 돈을 빌려서라도 카드 대금을 완납하고 지갑 속에 있는 모든 신용카드부터 자르자. 그리고 첫 번째 목표를 '부모님께 빌린 카드 대금을 모두 갚겠다'라고 정하고 재테크를 시작하라.

step2. 강제저축을 시작하라

신용카드를 잘랐다면 '쓰고 남는 돈'을 저축하는 게 아니라 '저축하고 남은 돈'을 생활비로 사용하는 '선 저축 후 소비' 시스템을 만들어야 한다. 월급이 들어오는 날 당장 적금부터 가입하고 남는 돈을 통장과 체크카드를 연동해 사용하는 것이다.

'적금 이자 높은 곳을 찾아 가입해야지'라든가 '은행에 가서 상담해보고 가입해야지'라는 생각은 금물이다. 의지력이 약하다면 이런 결심은 행동으로 이어지기 어렵다. 요즘은 은행 앱만 핸드폰에 깔면 비대면으로 1분 안에 적금 계좌를 만들 수 있다. 그러니까 이자 비교할 생각하지 말고 당장 주거래 은행 앱을 켜고 적금 상품 중 가장 이자가 높은 상품을 골라 가입하는 것이 현명하다.

지금까지 월급의 전부를 모두 소비했던 재테크 초보라면 월급의 10% 정도로 적금을 시작하는 것이 좋다. 월급의 90%로 생활하는 것이 익숙해졌다면 차츰 소액으로 적금을 하나씩 가입해 저축액을 늘려가면 된다.

신용카드가 없던 대학교 때를 생각해보자. 월초에 되는 대로 지출했다가 월말에 돈이 없어 고생한 경험을 다들 한 번씩은 해보았을 것이다. 이런 경험을 하고 난 후에는 누가 시키지 않아도 알아

호호양의 미니멀 재테크

서 매번 통장에 남은 잔액을 확인하며 소비 통제를 하게 된다.

이처럼 신용카드를 해지해 '저축하고 남는 돈'을 사용하는 시스템을 만들어두면 소비 통제는 고통 없이 이루어진다. 지금까지 당신이 돈을 모으지 못한 이유는 의지력이 없어서가 아니라 소비를 쉽게 하는 환경을 버리지 못해서다.

지금보다 덜 쓰면 불행해질까?

돈을 모아보지 못한 사람들이 하는 오해 중의 하나가 바로 지금보다 소비를 줄이면 불행해질 것이라고 단정하는 것이다. 반대로 질문하고 싶다. 지금의 소비 생활에 만족하고 있는가? 현재 행복한 소비 생활을 하고 있는가?

절약하는 사람들은 돈을 못 써서 괴로울 것 같고 매달 월급을 카드값으로 모두 사용하는 사람들은 돈을 자유롭게 써서 행복할 것 같지만 오히려 정반대다. 자신이 매달 얼마 쓰는지도 모른 채 대충 소비를 하고 있는 사람일수록 소비만족도는 현저히 떨어진다.

돈을 때에 따라 충동적으로 소비하고 있어 막상 꼭 필요한 소비를 해야 할 때 여유자금이 없어 사고 싶은 것을 못 사는 경우가 많기 때문이다. 또한 매달 날아오는 카드 명세서를 보면서 '이런 걸 뭐 하러 샀나?' 싶은 후회되는 소비 내역이 많아 명세서를 외면하고 있을 가능성이 크다.

반면 매달 가계부를 쓰고 예산에 맞춰 계획적으로 소비하는 사람들은 돈이 없어 사고 싶은 것을 못 사는 일이 없다. 이들은 앞서 이야기한 사람들과 다르게 비상금 통장이나 예비비 통장으로 넉넉하게 여유자금을 관리하고 있기 때문에 늘 돈이 있다.

그들은 돈이 없어 필요한 것을 못 사는 것이 아니라 아직 살 계획에 없거나 필요하지 않기 때문에 그 물건을 사지 않는 것이다. 사고 싶어도 못 사는 사람과 사고 싶어도 안 사는 사람 중 누가 더 삶의 만족도가 높을지는 너무나 명백하다.

나 또한 결혼 전에는 월급의 대부분을 지출했지만 현재보다 소비 생활에 만족하지 못했다. 적은 월급 탓에 사고 싶은 것, 먹고 싶은 것, 하고 싶은 것을 맘껏 할 수 없다며 불평만 쏟아내기 일쑤였다. 하지만 본격적으로 돈 관리를 시작하고 내 소비 생활에 관심을 가지자 소비는 자연스럽게 줄어들고 소비만족도는 올라갔다.

이제까지 나는 내 소비에 관심이 없었다는 것을 인정했다. 매달 깨알 같은 글씨로 꽉 차 있는 카드 명세서를 제대로 들여다본 적도 없고, 한 달간 정확히 카테고리별로 얼마씩 소비했는지 알지 못했다. 막연히 자잘하게 많이 썼다고만 인지하고 있었지만, 한 달을 돌아보면 막상 기억에 남는 만족스러운 소비는 하나도 없었다.

절약을 실천하고 소비 내역 하나하나에 관심을 가지기 시작해서야 내가 나에게 중요하지도 필요하지도 않은 무의미한 지출을 많이 하고 있다는 사실을 알게 되었다. 또한 지출 후 피드백을 꾸준히 하자 내가 어떤 소비를 했을 때 더 만족을 느끼는지, 어떤 물건을 샀을 때 더 행복이 오래 유지되는지가 보였다. 소비 분석이 된

한 달 지출 소비 생활 분석 예시

만족했던 소비 목록	꼭 필요했던 소비 목록	후회되는 소비 목록
• 남편과 오랜만에 주말 외식을 했다. 꼼꼼하게 후기를 확인하고 방문해 만족도가 높았다. • 몇 년간 고민하다 구매한 타이머. 가격은 비싸지만 마음에 든다.	• 늘 쓰던 로션과 샴푸가 떨어져 새로 구매했다. 여러 제품들을 비교한 뒤 가격과 디자인이 가장 마음에 드는 제품을 골랐다. • 휴대폰 충전 케이블이 끊어져 새것으로 장만했다.	• 새로운 색조 화장품을 사봤는데 결국 쓰던 것만 쓰게 된다. • 새로운 곳에서 배달 음식을 시켰는데 맛이 별로여서 돈이 아까웠다.

것이다.

이렇게 알게 된 정보들을 이용해 한정된 예산 안에서 불필요한 소비는 줄이고 내게 꼭 필요한 소비에 집중적으로 지출했다. 덕분에 총지출은 줄었지만, 오히려 만족하는 소비 품목의 지출은 늘어나 적게 쓰고도 더 행복하게 되었다.

월 200만 원을 어디에 소비하는지도 모른 채 그때그때 끌리는 대로 충동적으로 소비하는 사람과 월 100만 원을 쓰더라도 1,000원 단위까지 내가 원하는 것, 내가 꼭 필요하다고 생각하는 것에만 소비하는 사람은 삶의 만족도가 다르다. 단순히 흥청망청 많이 쓴다고 행복하고 절약한다고 괴롭고 불행한 것이 아니다. 내 월급의 1,000원 단위까지 모두 내가 중요하다고 생각하는 곳에 지출해야 지출은 줄어들고 삶의 만족도는 높아지는 효과를 얻을 수 있다.

본인의 소비 생활을 진단해보고 싶다면 용기를 내서 지난달 카드 명세서를 뽑아보자. 그리고 만족했던 소비와 절대로 피할 수 없는 꼭 필요했던 소비를 각각 다른 색깔 펜으로 체크해보자. 어떤 색으로도 체크하지 않은 소비 내역은 모두 불필요한 소비거나 만족하지 못했던 소비 내역이다. 그중에서 정말로 후회되는 소비도 있는지 살펴보자.

본인의 소비 생활에 관심이 없던 사람일수록 만족했던 소비보다 불필요한 소비의 횟수가 많을 것이다. 절약은 꼭 필요한 소비를 하지 않는 것이 아니라 불필요한 소비를 줄이는 것이다. 즉, 불필요한 소비나 만족하지 못했던 소비 내역만 줄여도 생활비의 상당 부분을 절약할 수 있다. 때문에 소비를 줄인다고 해서 불행해질 일은 없다. 오히려 소비 관리를 하면서 불필요한 소비를 줄여 내가 정말 만족하는 소비에 집중할 수 있기 때문에 전체적인 소비만족도는 증가할 것이다.

소비 대장이었던
내가 어떻게 돈을 모았을까?

유튜브를 시작하고 나서 이런 질문을 많이 받았다. "결혼 전에도 돈 많이 모았나요?", "결혼 전에는 돈을 못 모았다면서 갑자기 어떻게 그렇게 돈을 많이 모았어요?" 사실 스스로도 많이 놀랍다. 나는 대학교 때부터 재테크에 관심이 많았다.

재테크 칼럼을 꾸준히 읽는 편이었고 부동산 뉴스도 자주 봤다. 그래서 통장 쪼개기나 풍차 돌리기 등 웬만한 재테크 스킬은 모르는 게 없을 정도였고, CMA 통장은 무려 10여 년 전 대학교 때 만들었다. 믿기 어렵겠지만 어릴 때부터 쓰던 용돈 기입장을 시작으로 가계부도 항상 썼다. 오히려 이론은 지금보다 아는 게 더 많았을 정도였다.

하지만 늘 열심히 잘하다가도 소비욕을 이기지 못해 적금을 해지하곤 했다. 후회, 반성, 재시작의 연속이었다. 나는 늘 내 의지력이 문제라고 생각했다. 결국, 한심한 성격을 탓하며 자괴감에 빠지기 바빴다. 그렇게 의지력이 약했던 내가 결혼 후 비교적 쉽게 꾸준히 절약을 실천해 돈을 모았다. 무슨 차이였을까?

간절함이 있어야 재테크에 성공한다

부유하지는 않았지만, 자식에 대한 지원은 아끼지 않는 부모님 밑에서 자랐다. 감사하게도 부모님이 어릴 때부터 결혼자금은 지원해주겠다고 해서 성인이 되어서도 따로 결혼자금을 마련해야 한다는 압박감이 없었다. 수도권에 있는 부모님 집에서 함께 살고 있었기 때문에 보증금 등의 주거비용에 대한 부담도 없었다. 한 달 벌어 한 달 산다고 문제 될 게 하나 없는 환경이었다.

그런데 결혼을 하고 부모님의 품에서 벗어나고 나니 눈앞이 캄캄했다. 주거의 질을 포기하지 못해 대출을 일으켜 결혼 생활을 시작한 데다 전세 시장이 날로 과열되고 있을 때라 당장 다음 전세금을 올려줄 생각만 해도 갑갑했다. 게다가 남편은 비교적 안정적인 직장을 가지고 있었지만 나는 과외교사를 하고 있어서 언제까지 이 일을 할 수 있을까 불안했다. '10년에 10억 자산을 달성하겠다'거나 '부자가 되고 싶다'와 같이 거창한 것을 바란 게 아니었다. 단지 '돈 때문에 불안하지 않은 삶을 살고 싶다'는 마음이 너무나 간절했다. 그 간절함이 의지박약인 나를 행동하게 했다.

재테크, 방법보다는 '왜'가 먼저다!

결혼 전 내가 재테크 이론은 빠삭하게 알고 있었지만, 그것을 행동으로 옮기지 못했던 것은 바로 이 간절함이 없었기 때문이다. 부모님의 울타리 안에서 비교적 안정된 삶을 살아오다 보니 딱히 '돈을 꼭 모아야 하는 이유'를 찾지 못했다.

단순히 '돈을 모으고 싶다'라는 막연한 생각으로 '어떻게(how to) 하면 돈을 모을 수 있을까?'에만 집중했다. 덕분에 다양한 재테크 스킬을 이론으로는 잘 알고 있었지만 간절함이 없었기에 이론을 행동으로 옮기지 못한 것이다. 또한 잘 모아놓았던 돈도 각종 유혹에 휩쓸려 한 번에 충동적으로 지출해버리곤 했다.

이와 같이 많은 사람들이 수백 번 다짐하지만 제대로 돈을 모으지 못하는 이유는 '내가 돈을 꼭 모아야 하는 이유'를 정의해본 적이 없기 때문이다. '돈이 많이 있었으면 좋겠다', '돈은 많을수록 좋으니까'와 같은 막연한 생각만 있고 '왜(why)' 많은 돈이 필요한지 진지하게 생각해본 적이 없는 것이다.

돈을 모으고 싶다면 '돈 안 써야지!' 다짐만 반복하거나 '어떻게 하면 돈을 모을 수 있을까?' 하며 각종 플랫폼에서 '돈 모으는 방법'만 검색해서는 안 된다. '어떻게' 하면 돈을 많이 모을 수 있을까를 고민하기 전에 반드시 '왜' 나는 돈을 모으려고 하는 걸까부터 생각해봐야 한다.

돈을 모으고 싶다면 당장 종이 한 장을 꺼내서 '내가 반드시 부자가 되어야 하는 이유'를 3가지 이상 적어보자. '나만의 간절함'을 찾아보는 것이다. 이 '간절함'을 찾지 못한다면 아무리 완벽하고 치밀한 계획과 목표를 세워도 결국 의지력이 따라오지 않아 목표를 달성하기 어렵다.

내가 반드시 부자가 되어야 하는 이유

1.

2.

3.

나도 내가 부자가 되어야만 하는 이유를 세 가지만 적어보았다.

1. 이사 갈 집 걱정 없는 안정된 주거 환경을 가지고 싶다.
2. 가족이 아플 때 병원비 걱정이 없었으면 좋겠다.
3. 아이가 하고 싶은 것이 있을 때 충분히 지원해주고 싶다.

이 세 가지 중에 무엇보다도 간절했던 것은 안정된 주거 환경이었다. 나는 남편과 2012년부터 연애를 했다. 연애하는 동안 전세금을 적당히 모으면 결혼하자고 약속했다.

하지만 매년 우리가 모으는 종잣돈보다 전셋값이 더 오르는 부동산 시장을 목격했다. 우리가 1년 동안 3,000만 원을 모으면 전세금은 5,000만 원이 오르는 식이었다. 결국, 나이가 더 차기 전에 전세대출을 받아서 결혼하게 되었다.

결혼 후 나는 이전에 경험한 대로 아무리 아끼고 아껴서 1년에 4,000만 원씩 2년 동안 8,000만 원을 모아도 대출 갚고 전세금 올려주면 남는 게 없겠구나 싶었다. 그나마 추가로 전세대출을 안 받게 되면 다행이려나. 눈앞이 캄캄해 재테크에 매달렸다.

돌아보면 그 당시 미쳤던 전셋값에 감사한다. 전셋값 폭등으로 인해 내 집 마련에 대한 간절함이 생기지 않았다면 나는 신혼 초를 그렇게 치열하게 살지 못했을 것이다.

솔직히 열심히 재테크를 하면서도 가끔은 '내가 이렇게까지 해야 하나?', '그냥 나도 대충 살고 싶다'라는 생각이 들었다. 그럴 때마다 이 세 가지 간절함을 떠올리면 온갖 잡념이 사라지고 생각이 단순해졌다. 이 세 가지를 위해 내가 못할 것은 없었다. 늘 할 수 있는 최선의 행동을 하게 되고, 할 수 있는 최선의 선택을 하게 되었다.

나는 매년 새로운 다이어리를 사면 다이어리 맨 뒤편에 '내가 부자가 되어야 하는 이유', '내가 돈을 벌어야 하는 이유'를 적어둔다. 그리고 새로운 이유가 떠오를 때마다 계속해서 추가해 적어둔다. 그리고 재테크를 하다 지칠 때마다 꺼내서 읽어본다.

당신은 재테크에 대해
오해하고 있다

재테크는 투자가 아니라 절약이 먼저다

재테크의 사전적 의미는 '재산을 늘리는 기술이나 수법'이다. '기술이나 수법'이라는 사전적 의미 때문일까. 대부분 재테크를 이야기하면 가장 먼저 높은 수익률의 투자를 떠올린다. '재테크=투자'라고 생각하는 것이다.

그래서 적금 통장도 하나 없는 사람이 각종 투자 정보만 기웃거리다가 주식 계좌를 만들어 주식부터 시작하는 일이 비일비재하다. 더하기 빼기도 모르면서 함수를 풀겠다는 것과 같다.

내가 아는 지인 H는 누구보다 재테크에 대해 잘 알고 있다고 자부한다. 주식, 펀드, 각종 금융 상품 등등 온갖 투자 정보는 다 꿰고 있고 안 해본 투자가 없을 정도다. 하지만 막상 통장 잔고를 보니 모아놓은 종잣돈이 또래보다 현저히 적었다.

그 이유는 친구의 라이프 스타일에 있었다. 입사하자마자 리스로 자기 자동차를 끌고, 연회비가 10만 원대에 달하는 신용카드를 사용하며, 계절마다 해외여행을 즐긴다. 라이프 스타일 자체가 절약과는 매우 거리가 멀었다.

1,000만 원을 투자해 적금 이자보다 높은 수익을 냈다고 지인들에게 너스레를 떨었지만 정작 소비 통제를 제대로 하지 않아 다른 친구들보다 종잣돈을 빠르게 모으지 못했던 것이다. 이처럼 절약보다 투자를 먼저 배운 사람들은 아무리 투자를 잘해도 자산이 늘어나는 속도가 더딜 수밖에 없다.

굴리는 종잣돈이 커야 눈덩이 불어나듯이 자산이 증가하는 데 가속도가 붙는다. 따라서 반드시 재테크는 투자보다 절약이 선행되어야 한다. 높은 수익률을 좇는 투자에 집중하기 전에 소비 습관부터 바로잡아야 한다.

절약, 재테크 초보에게 최고의 수익률을 약속한다

예를 들어보자. 연 금리 3% 적금에 월 100만 원씩 저축해 얻을 수 있는 원금과 이자는 세전 1,219만 5,000원이다. 거기에 이자과세 15.4%(3만 30원)를 하면 실수령액은 1,216만 4,970원이다. 반면에 한 달 동안 치킨(2만 원) 한 번 덜 시켜먹고 저축액을 102만 원으로 늘리면 원금만 1,224만 원이다.

요즘 같은 초저금리 시대에 연 금리 3%의 적금 상품을 찾아 가입하거나 재테크를 처음 시작하는 사람이 투자를 해서 연 3%의 수익률을 내는 것보다 외식을 한 번 줄여 월 2만 원씩을 더 절약해 저축액을 늘리는 편이 훨씬 쉽고 빠르다. 즉, 투자에 대해 문외한 재테크 초보가 최고의 수익률을 올릴 수 있는 것은 절약이다.

소비를 줄일 때 얻을 수 있는 수익률 예시

월 100만 원씩 1년간 저축할 경우(이자 3%)		한 달에 치킨 값 2만 원을 절약해 월 102만 원씩 저축할 경우	
원금 합계	12,000,000원	원금 합계	12,240,000원
세전 이자	195,000원	세전 이자	
이자 과세(15.4%)	30,030원	이자 과세(15.4%)	
세후 수령액	12,164,970원	세후 수령액	

따라서 재테크 초보들은 투자에 뛰어들기 전에 우선 절약에 집중해 자신에게 맞는 최저 생활비를 찾아 저축률부터 끌어올려야 한다. 검소한 소비 습관이 자리 잡고 더 이상 생활비에서 절약할 부분이 보이지 않을 때 투자를 시작해도 늦지 않다.

하지만 재테크 초보들은 마음이 급하다. 빠르게 부자가 되고 싶다는 초조한 마음으로 재테크를 시작하는 사람이 많다. 그러다 보니 씀씀이 줄일 생각은 안 하고 높은 수익률 상품에 혹해서 가입해 손해를 보거나 유언비어만 믿고 마이너스 통장을 뚫어 근거 없는 위험한 투자에 뛰어든다.

절약을 하찮게 여기고 높은 수익률만 쫓는 것이다. 아무것도 모르는 생초보가 투자에 성공할 리 만무하다. 이런 대박을 쫓는 투자를 계속할수록 통장 잔액은 줄어든다.

첫술에 배 부르려고 하지 말자. 초반에 욕심을 부려 자신의 체력에 맞지 않는 과도한 운동을 하면 몸이 견디지 못하고 병이 난다. 재테크도 마찬가지다. 우선 기초체력부터 길러야 한다. 기본기를 다져주는 절약에 먼저 집중해 내 안에 돈 담는 그릇부터 키워야 한다.

기본기가 부족한 상태에서 수익률이 높다는 상품이나 주식에 묻지 마 투자를 해봤자 돈을 잃는 경험만 반복하게 될 뿐이다. 돈을 잃는 경험이 쌓이면 자신감이 떨어져 재테크를 아예 포기하게 될 가능성이 커진다. 재테크가 처음이라면 절약을 실천하고 투자 공부를 하면서 재테크의 기본기를 다지는 시간을 먼저 가져야 한다.

재테크 별거 아니다

"재테크해야 하긴 할 것 같은데. 뭘 해야 할지 모르겠어."
"재테크는 어려운 것 같아. 용어만 들어도 머리가 아파."

이와 같이 재테크는 어렵고 대단한 것으로 생각해 아예 시작조차 못 하는 사람들이 많다. 이 또한 재테크는 투자라고 생각하기 때문에 어려운 투자 상품들과 금융 상품을 알아야 시작할 수 있다고 여기는 것이다. 하지만 재테크는 엄청난 수익률로 빠르게 부자가 되는 것이나 어렵고 대단해서 아무나 할 수 없는 것이 아니다.

재테크를 너무 과대평가하지 말자. 사실 재테크는 별거 아니다. 단기간에 엄청난 부를 이뤄주는 것도 아니고, 어려워서 아무나 할 수 없는 것도 아니다. 어렵게 생각할 필요 없이 종이 한 장과 펜 하나만 있다면 누구든 오늘 당장 시작할 수 있는 것이 바로 재테크다. 밤마다 흰 종이에 오늘 나간 돈과 오늘 들어온 돈을 기록하는 것이다.

간혹 댓글로 "저는 경제 용어를 몰라서 재테크를 못해요"라고 이야기하는 구독자들이 있다. 경제 용어나 투자 상품, 금융 정보를 몰라도 재테크를 잘할 수 있다. 월급이 들어와서 어디로 지출되고 있는지 나의 지출 구조를 파악하고 절약을 내 습관으로 만들어서 미래에 크게 신경 쓰지 않아도 알아서 돈이 모이는 시스템을 만드는 것부터 시작하면 된다. 어려운 용어나 투자에 관심이 있다면 그 시스템을 만드는 동안에 차근차근해두어도 늦지 않다. 어렵고 복잡하다는 핑계로 돈 관리를 미루는 것을 그만두고 지금 당장 내 소비를 기록하는 것부터 시작해보면 어떨까?

대박은 없다

나도 처음 재테크 공부를 시작했을 때는 재테크만 잘하면 금방 부자가 되는 줄 알았다. 실제로 서점 재테크 코너에 가면 'ㅇ년 만에 자산 ㅇ배 불렸다'라는 타이틀의 책들이 넘쳐난다. 그런데 막상 이런 책을 읽어보면 결론은 쥐꼬리만 한 월급을 아껴서 저축하라는 뻔한 이야기만 한다.

약간의 배신감을 느꼈지만 신혼 초에는 투자할 수 있는 종잣돈이 전혀 없었기에 선택의 여지가 없었다. 그래서 현재로서 최선이라고 생각하는 것에 힘썼다. 최대한 절약하려고 노력했고 책이나 인터넷을 통해 될 수 있는 한 많은 성공사례를 찾아보고 따라 했다. 그 결과 2년 3개월 안에 1억을 모았고, 결혼 6개월 만에 내 집 마련에 성공해 자산을 4배로 불렸다.

드디어 나도 '4년 만에 자산을 4배 불렸다'라는 타이틀을 가지게 된 것이다. 그리고 나 또한 우선 월급을 아껴 저축하라는 뻔한 이야기를 전하고 싶다.

돈은 나무와 같다. 나무의 주인인 나는 매일 나무를 돌보며 지켜보기 때문에 나무가 얼마나 성장하고 있는지 알 수가 없다. 하지만 조금씩 성장하고 있다는 믿음을 가지고 꾸준히 애정을 담아 관리하다 보면 오랜만에 찾아온 지인은 내 나무를 보고 놀랄 것이다.

그리고 지인은 어떻게 자신보다 나무를 훨씬 빠르게 성장시켰는지, 노하우를 알려달라고 할 것이다. 지인은 과정 없이 결과만 보았기 때문에 특별한 방법으로 굉장히 쉽게 나무를 키웠을 것이라 오해할 테지만 사실 나무를 잘 키우는 방법은 간단하다. '기본'에 충실하는 것이다.

내 유튜브 영상 중 '2년 3개월 만에 1억을 모았다!(https://www.youtube.com/channel/UCfUi8MP51WwYWbS6xN_xBgQ)'라는 콘텐츠

는 꽤 인기가 많다. 2년 3개월 만에 1억을 모았다는 문구가 굉장히 금방 돈을 뚝딱 모은 것처럼 보였던 것 같다. 하지만 궁금해서 내 이야기를 들으러 온 사람들은 이내 식상한 방법에 실망한다.

하지만 뻔하고 식상한 방법일수록 꾸준히 실천하는 것은 어렵다. 살을 빼는 방법은 많이 움직이고 덜 먹는 것이지만 말이 쉽지 실천하는 사람은 별로 없는 것처럼 말이다.

지난 2년 3개월이란 시간은 문자로는 두 단어에 불과하지만 직접 그 시간을 보낸 나에게는 길고도 치열한 시간이었다. 매일 밤 가계부를 쓰고 재테크 카페와 블로그를 뒤적이다 잠들지 못한 날이 수없이 많았다. 남편 몰래 청승맞게 눈물 흘린 날도 많았다.

그 시간을 보내고 깨달은 것은 부자 되는 길에 요행은 없다는 것이다. 재테크에 대박은 없다. 뻔하고 꾸준히 실천하는 날들이 모여 큰 결과를 만들어내는 것이 재테크다.

어떤 재테크를
해야 할까?

버는 족족 흥청망청 소비하던 시절, 나와 비슷한 평범한 남자를 만나 행복한 신혼생활이 시작되었다. 하지만 현실감각이 뛰어난 나는 신혼여행을 다녀온 직후부터 '이제 어떻게 살아야 하나?' 하는 고민으로 매일 밤 저 깊숙한 지하 동굴 속으로 빨려들어가는 느낌이었다.

밤새도록 계산기를 두들겨보았지만 우리의 자산과 우리의 소득으로는 몇 년을 모아도 빚 없이 서울 20평대 아파트 전세로 이사 가는 것은 불가능해보였다. 평생 아끼고 모은다고 해도 우리의 소득으로는 내 집 마련은커녕 2년마다 전세금을 올려주다 보면 내 인생이 끝나 있을 것만 같았다.

처음에는 현실의 무게감이 너무 커서 누가 나 대신 재테크 좀 잘

해주었으면 좋겠다고 생각했다. 하지만 남편은 1,000원만 있어도 행복한 사람이었다. 그런 점이 좋아 이 남자와 결혼했다. 1,000원만 있어도 행복한 사람이 더 부자 되는 일에 관심 있을 리 만무하다.

그러니 재테크를 누구에게 맡기겠는가. 아쉬운 사람이 할 수밖에. 원치 않았지만 나는 해야만 했다. 우리의 미래를 위해서 말이다.

통잔 잔고는 늘었지만……

재테크를 시작하며 제일 답답했던 것은 복잡하고 어려운 용어가 많고 이 세상에 금융 상품의 종류가 너무 많다는 것이었다. 종류가 많은 만큼 선택할 것도 많았다. 게다가 선택 장애가 있는 나에게 선택이란 부담 그 자체였다. 그래서 '금융회사들이 이런 것을 노린 게 아닐까? 복잡해서 합리적인 선택을 할 수 없게 소비자를 우롱하는 게 아닐까?' 하는 못난 생각만 들었다.

그래도 처음이니까 알아야 했다. 불안한 마음을 달래기 위해서 공부하는 수밖에 없었다. 그때부터 재테크라고 검색하면 나오는 모든 단어를 공부하기 시작했다. 도서관에서 눈에 보이는 재테크 관련 책은 모두 빌려 보았다.

그 당시에는 유튜브에서 재테크 정보를 찾기가 어려울 때라 은행사나 증권사 홈페이지에 직접 들어가 상품설명서를 프린트해 읽고 또 읽었다. 비슷비슷하면서도 조금씩 다른 각종 금융 상품을 비교하는 일은 엄청난 에너지와 시간을 필요로 하는 작업이었다.

그렇게 공부한 온갖 금융 상품을 비교해서 가입도 했다. 0.1% 이자에 목숨 걸고 매일 금융 상품 이자를 검색했다. 짠테크 카페를 들락거리며 수십 개의 앱을 깔고 매일 한 시간씩 투자해 출석 체크해서 받은 포인트를 이용해 장을 봤다.

지인이 어떤 상품에 투자를 해서 큰 수익을 봤다는 이야기를 들으면 초조한 마음에 부리나케 집으로 돌아와 그 투자 상품을 공부하다 밤을 세우곤 했다. 한 푼이라도 더 아끼기 위해 한 푼이라도 더 높은 이자를 받기 위해 최선을 다했다. 노력만큼 저축액도 늘어나고 각종 이벤트와 앱 출석 체크 덕분에 공돈이 들어오는 날도 잦아졌다.

그런데 아이러니하게도 1,000원, 2,000원에 목숨 거는 내 모습이 예전보다 더 가난하게 느껴졌다. 매일이 돈돈. 돈에만 집중된 삶이었다. 게다가 열심히 발품 팔고 비교해서 가입한 금융 상품들의 이자는 집에서 소파에 누워 금융 앱으로 쉽게 가입할 수 있는 상품들보다는 다소 이자가 높았지만, 오랫동안 알아본 내 정성과 투자한 시간에 비하면 소소하게 느껴졌다.

어느새 재테크는 나에게 피곤하고 스트레스가 되는 존재가 되었다. 몸과 마음이 너덜너덜해진 느낌이었다. 비록 통장 잔고는 늘어났지만 기대했던 것처럼 행복하지 않았다.

'언제까지 이렇게 노력해야 하는 걸까?'
'아니, 언제까지 이렇게 할 수 있을까?'

부부 중에 돈 관리를 책임지기로 한 이상 이대로는 안 되겠다고 생각했다. 그래서 모든 것을 멈추고 다시 차근차근 생각해보기로 했다.

'내가 재테크를 하려는 이유는 뭘까?'
'내가 재테크를 함으로써 얻고자 하는 건 뭘까?'
'내가 지금까지 재테크를 하며 행복하지 않았던 이유는 뭘까?'
'내가 재테크를 하며 놓쳤던 것은 무엇일까?'

답은 의외로 간단했다. 나는 행복해지고 싶어서 재테크를 시작했다. 재테크를 해서 자산이 불어나면 불안한 마음이 조금은 사라질 것이라고 기대했다.

하지만 재테크를 하면서 나는 더 불안해졌고, 심지어 불행하다고 느낄 때도 있었다. 재테크를 통해서 얻고자 하는 궁극적인 목표는 간과한 채 눈앞의 수익률과 저축률에만 집착했기 때문이다. 수익률과 저축률만 신경 쓰다 보니 남과 늘 비교했다.

재테크에 성적표라도 있는 것처럼 남보다 더 절약하지 못하거나 좋은 투자 정보를 놓치면 자책하기 바빴다. 행복하려고 시작한 재테크가 나를 더 불안하고 불행하게 한 것이다.

재테크는 누구나 평생 해야 한다. 때문에 스트레스 받지 않고 꾸준히 할 수 있는 자신만의 재테크 방법을 찾는 것이 그 무엇보다 중요하다.

호호양의 미니멀 재테크

재테크에도 선택과 집중이 필요해!

내가 재테크를 해오며 늘 초조하고 여전히 불안했던 것은 '재테크 주관이 없어서'라는 결론에 도달했다. 나에게 맞는 재테크가 무엇인지에 대한 고민 없이 남들이 좋다는 것은 다 따라 하려고 하다 보니 몸과 마음이 피곤해질 수밖에 없었던 것이다. 다시 처음부터 시작하기로 했다.

지난 시간을 돌아봤을 때 가장 힘들었던 것을 떠올려보았다. 가장 먼저 떠오른 것은 복잡한 용어와 금융 상품을 비교해서 '선택' 하는 일이었다. 수많은 투자 상품과 용어를 공부하는 일도 어려웠지만, 그 무엇보다도 힘들었던 건 선택이었다.

나는 안정형 투자 성향인데다가 결정 장애가 있어 수많은 금융 상품 중 나에게 딱 맞는 것을 고른다는 것 자체가 스트레스로 다가왔다. 게다가 어렵게 선택한 금융 상품에 가입하기 위해서는 각 상품을 취급하는 은행이나 증권사 지점에 직접 방문해야 하는데 직장인 처지에서 매번 금융회사를 찾아다니는 것도 현실적으로 힘에 부쳤다.

또 나름대로 열심히 알아보고 가입한 금융 상품의 수익률이 내 노력에 비해 미미하게 느껴지기도 했다. 각종 금융 상품과 씨름하는 1년 동안 몸과 마음이 지칠 대로 지쳤다. 그래서 모두 그만두기로 했다. 적금과 예금 이외의 금융 상품에는 관심을 가지지 않기로 한 것이다.

더 이상 특판 적금 정보에도 귀 기울이지 않기로 했다. 그동안 우리 부부는 대출이 있어 대출 이자보다 높은 적금이나 예금을 발견하면 대출 상환 대신에 저축을 했다.

하지만 대부분의 특판 적금은 날을 잡아 오프라인 지점에 직접 찾아가 오랫동안 기다린 끝에 가입해야 하는 경우가 많아 번거롭고, 게다가 가입 금액에 한도가 있어 어차피 상대적으로 고금리라 해도 이자 차이가 소소했다. 때문에 1만~2만 원 더 이자를 받기 위해 에너지와 시간을 낭비하는 것보다는 차라리 1만~2만 원 더 절약하는 편이 낫겠다고 판단했다.

마지막으로 매일 꾸준하게 신경 써야 하는 앱테크와 짠테크도 모두 그만두었다. 핸드폰에 앱 스무 개 정도를 받아놓고 하루 동안 틈틈이 들어가 출석 체크를 하거나 이벤트에 응모해 한 달에 3만 원 이상 꾸준히 부수입을 올렸다.

하지만 아무리 시간이 흘러도 변화 없는 단순 반복적인 작업에 전혀 흥미를 느끼지 못했고, 들어가는 에너지에 비해 아웃풋이 너무 적게 느껴졌다. 게다가 이벤트로 받은 포인트의 경우 유효기간이 짧아 포인트를 사용하기 위해 매달 필요한 물건도 없는데 억지로 쇼핑을 해야 하는 일이 나중에는 큰 스트레스가 되었다.

이처럼 재테크를 지속하며 차츰 힘들고 복잡하게 느껴졌던 것을 모두 그만두고 내가 잘할 수 있는 것에 집중했다. 나만의 재테크 가치관이 생긴 것이다.

"예적금만 해서 불안해요."

나에게 이메일과 댓글로 "지금까지 예적금으로만 돈을 모았는데 왠지 뒤처지는 것 같아 불안해요"라고 상담하는 분들이 많다. 나는 예적금만으로 재테크를 하는 것이 잘못되었다고 생각하지 않는다.

'고수익 저위험 투자'라는 것은 없다. 결국, 수익률이 높은 투자를 하려면 원금 손실을 감수해야 한다. 따라서 원금 손실의 가능성만으로도 불안해서 견딜 수가 없다는 사람은 투자를 지속할수록 삶의 만족도만 떨어질 뿐이다.

투자에 뛰어들지 않고 저축에만 집중할 경우 투자를 잘하는 사람들보다 자산 증가 속도가 느린 것은 사실이다. 하지만 조금 느리면 뭐 어떤가. 빠른 자산 증가라는 결과도 중요하지만, 부자가 되는 과정 자체가 괴롭지 않고 행복한 것도 그만큼 중요하다.

예적금만 하는 게 잘못된 게 아니라 아무것도 시도하지 않는 것이 잘못된 것이다. 두렵다는 이유로 아무것도 시도하지 않는다면 나중에 후회가 밀려들 수 있다. 알아보지도 않고 시도도 하지 않았기 때문에 막연하게 '그때 그것에 투자했으면 더 많은 자산을 불렸을 텐데……' 하며 미련이 남는다.

반면에 열심히 공부해서 가능한 것은 몇 가지 시도해본 뒤에 스스로 납득할 만한 이유로 예적금만으로 종잣돈을 관리하겠다고 마음먹었다면 시간이 흘러도 후회가 없다. 또한 남에게 어떤 투자가 좋은지 어디에 투자해야 하는지 답을 구해서는 안 된다. 반드시 다양한 금융 상품과 투자 상품을 공부해 스스로 답을 찾아야 한다.

투자 공부를 하다 보면 본인의 재테크 성향이 파악이 될 것이다. 재테크 성향이 파악되었다면 그 이후에는 흔들리지 말고, 소신 있게 자신만의 재테크를 지속해나가야 한다.

미니멀 재테크란

요즘 재테크 정보가 흘러넘쳐나다 보니 어디어디에 투자해서 큰 수익률을 얻었다는 성공담들을 쉽게 접할 수 있게 되었다. 이렇게 고급 정보에 대한 접근성이 높아진 점은 좋지만, 너무 많은 정보들로 인해서 '나만 뒤처지는 것은 아닌가?', '나도 당장 저 투자 방법을 실천해야 하나?'라고 초조해하는 사람들이 너무 많아졌다.

나는 이런 초조함을 이겨내기 위해 '미니멀 재테크'를 하고 있다. 미니멀 재테크란 자신의 재테크 스타일을 제대로 알아 자신에게 맞는 최소한 재테크 방법만을 실천하는 것을 의미한다. 그래서 내 몸에 맞지 않는 방법을 무조건 따라 함으로써 발생하는 폐해를 방지해준다. 사실 너무 많은 투자 정보나 재테크 정보들은 오히려 우리를 혼란에 빠뜨린다. 실제로 온갖 방법을 모두 다 적용해야만 빠르게 부자가 되는 것도, 성공한 방법을 따라 한다고 무조건 다 수익이 나는 것도 아니다. 오히려 자신감만 잃고 동요될 뿐이다. 나는 미니멀 재테크를 하겠다고 다짐한 이후부터는 내 성향과 잘 안 맞는 재테크 정보는 모두 흘려보낸다.

대표적인 게 바로 짠테크 정보다. 앱테크를 하며 푼돈을 절약하기 위해 자잘한 할인 정보를 쫓거나 쿠폰을 다운받고 이벤트에 참여하는 일이 번거롭고 늘 마지막엔 더 저렴하게, 더 많은 혜택을 받는 방법을 놓친 게 아닐까 하는 생각 때문에 찝찝하곤 했다. 힘들게 혜택을 챙기면서도 늘 불안하고 스트레스를 받았던 것이다. 이처럼 나와 맞지 않다는 것을 오랜 시간에 걸쳐 분명하게 알게 되었고, 미니멀 재테크를 결심하면서 미련 없이 내려놓았다.

나는 재테크에 있어서 부자가 되는 목표 그 자체도 중요하지만 부자가 되는 과정이 행복한 것도 그만큼 중요하다고 생각한다. 그리고 미니멀 재테크를 실천하면서 부자가 되는 과정이 행복하려면 자신에게 맞는 재테크 방법을 찾는 것이 그 무엇보다 중요하다는 사실을 깨닫게 되었다.

재테크에 정답은 없다. 재테크 방법에 옳고 그름도 없다. 그리고 최고의 재테크 방법이라는 것도 없다. 다만, 자신에게 맞는 최선의 방법만이 있을 뿐이다. 투자 성공담을 접하면 시간을 투자해 공부해서 그중에 나에게 맞는 방법만 취하고 맞지 않는 것들은 과감하게 버리면 된다. 계속 재테크 방법을 수정해나가면서 자신만의 속도로 부자의 길에 다가서면 된다. 미니멀 재테크는 이처럼 편안하게 부자로 가는 길을 이끌어주는 나침반이 될 것이다.

부자가 되려면
부자의 기준이 필요하다

2015년 결혼을 준비하던 당시 내가 거주하던 지역의 20평대 아파트 전셋값은 3억 원 정도였다. 그 때문인지 주위에 전세금 3억 원으로 신혼을 시작하는 친구들이 많았다. 나는 나보다 안정적으로 결혼 생활을 시작한 친구들을 보면서 친구들처럼 전세금 3억 원만 있으면 소원이 없겠다고 생각했다.

'3억만 있다면 이렇게까지 불안하지는 않을 텐데…….'

결혼 후 정확히 1년이 흘렀을 때 신혼 1년 차에 매수한 아파트가 크게 올라 나는 자산 3억 원을 달성했다. 하지만 전혀 만족하지 못했고 여전히 불안했다. 다시 나는 생각했다.

'10억만 있다면 참 여유로울 것 같은데…….'

정말 사람의 욕심은 끝이 없다. 대학교 때만 해도 한 달 용돈이

100만 원만 되면 살 것 같다고 생각하지만, 막상 직장에 취업해 한 달에 200만 원 이상을 벌어도 만족하지 못한다. 또다시 남과 비교하며 저 친구처럼 대기업에 취업해 한 달에 300만 원만 벌면 소원이 없겠다고 생각한다. 이런 식이라면 누구든 영원히 행복할 수 없고 진정한 부자가 될 수 없다.

부자, 도대체 얼마면 돼?

얼마의 자산이 있어야 스스로 부자라고 인정할 수 있을까? 10억? 100억? 얼마 전 신문 기사에서 한 금융회사가 시행한 설문조사 결과를 보았다. 금융 자산만 10억 이상을 가지고 있는 우리나라 부자들에게 "한국에서 부자라면 얼마의 자산을 가지고 있어야 하냐?"라고 질문하자 평균 '67억'이라고 답했다고 한다.

더 놀라운 것은 자산 40~50억 미만 소유자들의 79%가 "나는 부자가 아니다"라고 답했다. 40억을 가지고도 스스로 부자라고 생각하지 않는다는 것이다.

이처럼 부자의 기준은 대부분 상대적이다. 예를 들어, 자산이 1억인 사람과 자산이 2억인 사람이 있다면 당연히 후자가 부자다. 다시 자산이 2억인 사람과 4억인 사람을 비교하면 4억 있는 사람이 부자가 된다.

자산이 10억 있는 사람도 기준을 누구로 두느냐에 따라 부자일 수도 아닐 수도 있다. 이처럼 부자의 기준이 남과 비교하는 방식이라면 누구도 평생 부자가 될 수 없다. 아무리 자산이 늘어난다고 해도 나보다 자산이 많은 사람은 항상 존재하기 때문이다.

지금 당장 부자이길 선택하라!

1억만 있어도 충분히 만족하는 사람이 있고, 40억이 있어도 만족하지 못하는 사람이 있다. 이 두 사람의 차이는 뭘까?

그 답은 생각보다 가까운 곳에서 찾을 수 있었다. 내가 자산이 늘었는데도 아직도 불안하다고 이야기하면 남편은 늘 "자기야, 봐봐! 겨우 1년 만에 우리 자산이 1억 이상 늘었잖아! 이게 얼마나 대단한 건데! 우리는 진짜 부자야!" 맨날 듣는 이야기인데 그날따라 뒤통수를 한 대 얻어맞은 느낌이었다. '아! 이 남자는 남이 아니라 과거의 우리와 비교하는구나!'

남편이 항상 행복하고 스스로 부자라고 느끼는 이유는 부자의 기준이 과거의 '나'에게 있기 때문이었다. 그 이후로 나도 지금 당장 부자가 되기를 선택했다. 남과 비교하는 부자의 기준을 버리고 과거의 나 자신과 비교하는 새로운 부자의 기준을 세운 것이다.

다른 건 몰라도 매달 조금씩이라도 성장할 자신은 있었다. 매달 늘어나는 자산만큼 나는 매달 더욱더 부자가 되고 있다. 이렇게 생각을 바꾸자 늘 풍요롭다고 느꼈고 자신감이 생겼다.

이 방법이라면 월급이 적어 매달 적은 돈을 모으고 있는 사람들도 오늘 당장 부자가 될 수 있다. 월 급여가 적으면 돈을 모으는 과

호호양의 미니멀 재테크

정이 장거리 마라톤과 같이 느껴지기 마련이다. 그때 매달 조금씩이라도 성장하는 모습을 통해 <u>스스로 부자라고 느낀다면</u> 지루한 시간을 조금이나마 즐길 수 있을 것이다.

돈에 대한 프레임을 바꿔라

부자의 기준을 바꿔 당장 부자이길 선택해야 하는 중요한 이유가 한 가지 더 있다. '나는 부자다'라는 생각이 나를 부자로 이끌어 주기 때문이다.

'나는 부자다'라는 생각은 자신감과 여유로운 사고를 가질 수 있게 한다. '나는 부자다', '나는 뭘 해도 잘된다'라고 생각하는 사람은 무엇이든 잘 시도하고, 설령 실패한다 해도 '나는 이미 부자이고, 이것은 더 부자가 되는 과정에 불과하다'라는 생각으로 금방 회복한다. 회복탄력성(resilience)이 높아졌기 때문에 훨씬 성공할 가능성이 높아진다.

반면에 매사 '나는 돈이 없다', '나는 뭘 해도 돈이 나간다'라는 부정적 프레임에 갇혀 있는 사람들은 돈이 더 들어올 일도 패배감에 젖어 시도하지 않게 된다. 만약 한 번이라도 실패하면 '나는 역시 안 돼', '나는 역시 성공할 수 없어'라고 생각하며 회복하지 못하고 더 이상 열심히 살지도 않게 된다. 결과적으로 부자가 될 기회를 놓치거나 부자가 될 기회를 아예 만들지 못한다.

남이 부자가 된다고 내가 더 가난해지는 건 아니다

예전에는 건너편에 사는 엄친아가 강남에 아파트를 사서 1년에 5억을 벌었다는 이야기를 들으면 왠지 손해 본 것 같은 기분이 들었다. 남의 자산이 5억 늘어난 만큼 나는 그만큼 더 가난해진 느낌이랄까? 게다가 열심히 아끼고 모으는 것이 부질없게 느껴져 의욕이 사라지기도 했다. 가만히 생각해보면 내 자산은 그대로인데도 말이다. 하지만 부자의 기준을 바꾸고 나서는 이런 소식에 더 이상 흔들리지 않는다. 달리기를 한다고 생각해보자. 남과 함께하는 달리기에서는 남들의 달리기 능력이 향상되면 내 순위는 계속해서 떨어진다. 계속 순위가 떨어지는 게 느껴지면 '나는 달리기에 소질이 없는 것 같아' 하며 다 포기하고 싶어진다.

반면 트랙 위에 나 혼자밖에 없다고 생각해보자. 달리는 사람은 나뿐이므로 나는 항상 1등이다. 단지 내 성적 향상만 중요하기 때문에 남의 성적에는 관심이 없어진다. 남의 자산이 늘어나든 말든 내 자산이 늘고 있다는 게 중요하다는 것이다.

이것을 깨닫고 나서 나는 더 이상 누가 어디에 집을 사서 몇 억을 벌었다는 이야기에 흔들리지 않는다. 나는 나만의 목표를 향해 나의 길을 묵묵히 가면 될 뿐이다. 남이 더 부자가 된다고 내가 더 가난해지는 것은 아니다. 남과 비교하는 부자의 기준을 버리고 지금 당장 부자가 되는 것을 선택하자.

초저금리 시대,
돈 공부는 필수다!

"외할머니는 어떻게 부자가 된 거야?"

내 기억에 어릴 때부터 우리 외할머니는 항상 부자였다. 늘 근검절약하셔서 겉만 봐서는 부자로 보이지 않았지만 통장에 많은 현금을 저축하고 계셨다. 작은 돈이라도 돈이 생기는 족족 은행에 방문해 예금과 적금으로 돈을 묶어두어서 은행원들이 우리 외할머니를 모두 알고 있을 정도였다. 은행의 단골고객이셨던 것이다.

그래서 나는 막연하게 외할아버지께서 과거에 돈을 잘 버셨을 것이라고 생각했다. 어느 날 문득 궁금증을 참지 못하고 엄마에게 물어보았다. "엄마, 외할머니는 어떻게 해서 돈이 그렇게 많아?" 엄마의 대답은 너무 간단해서 허무할 정도였다. "30년 넘게 일곱 명의 자식들이 주는 용돈을 한 푼도 안 쓰고 다 저축하셔서 저렇게 부자가 되셨지! 옛날에는 이자가 높았잖아!"

1990년대만 해도 은행 금리는 10%에 달했다. 만약 100만 원을 1년짜리 이자 10% 예금 상품에 가입하고 만기 때마다 다시 원금과 이자를 묶어 1년짜리 예금에 가입하는 것을 10년간 반복하면 원리금은 무려 225만 2,662원이 된다. 10년 만에 2배 이상 돈이 불어나는 것이다. 투자로 연수익률 10%를 달성하는 것이 얼마나 어려운 일인지 모두 알 것이다. 그런데 예적금만으로 연수익률 10%를 달성할 수 있었다니 정말 호시절이 따로 없었다. 이처럼 30년 전만 해도 근검절약해 예적금으로 돈을 굴리는 것만으로도 누구나 부자에 가까워질 수 있었다. 딱히 경제 지식이 없어도, 투자 공부를 하지 않아도 쉽게 돈을 불릴 수 있었던 것이다.

하지만 2021년 현재 예금이자는 1%대이다. 눈을 씻고 찾아봐도 금리 5% 이상 예적금 특판 상품을 찾기가 어려운 게 사실이다. 예적금만으로 잉여자금을 굴려 종잣돈을 크게 불리는 시대는 떠나고 부자가 되기 위해서는 공부를 해야만 하는 시대가 도래했다.

정보의 평준화가 가져온 이점

벌써부터 한숨이 나오고 역시 금수저가 아니면 부자 되기는 글렀다든가 역시 인생은 불공평하다고 생각하는가? 과거보다 편하게 부자 되기 어려워진 것은 사실이다. 하지만 과거보다 안 좋아진 점만 있는 것은 아니다. 과거에는 법이나 정책 등 투자 관련 정보를 얻기 위해서는 하루도 빠짐없이 신문을 읽거나 인맥을 총동원해 전문가를 찾아가는 방법밖에 없었다. 그리고 공부하다 어려운 점이 생겨도 물어볼 사람도 없었다. 인맥이 없으면 전문가를 만나는 것조차 쉽지 않았기 때문이다. 즉, 과거에는 정보의 불평등이 심각해 평범한 사람들은 투자를 하고 싶어도 한계가 있었다.

하지만 현재는 어떠한가. 궁금한 정보가 있으면 핸드폰으로 무엇이든 검색할 수 있다. 양질의 정보에 대한 접근성이 높아졌다. 정보가 너무 많아 그 안에서 좋은 정보와 안 좋은 정보를 거르는 일은 어려워졌지만 마음만 먹으면 원하는 정보를 얻을 수 있게 된 것이다.

게다가 예전에는 뉴스에서나 알려주는 정보들을 이제는 다양한 플랫폼에서 쉽게 접할 수 있다. 유튜브, 블로그, 팟캐스트 등을 통해 다양한 전문가가 전달해주는 양질의 정보를 무료로 습득할 수 있다. 또한 대단한 인맥이 없어도 이메일을 통해 전문가와 연락이 닿을 수 있게 되었다.

돈에 휘둘리고 싶지 않다면 지금 시작하라

앞서 이야기했듯, 20~30년 전만 해도 고금리 예적금을 활용해 종잣돈을 안전하게 불릴 수 있었다. 하지만 현재는 연수익률 10%를 달성하기 위해서는 치열하게 공부해야 한다.

내가 지인들에게 항상 돈에 대한 정보에 귀 기울여야 하고 돈 공부를 놓아서는 안 된다고 이야기하면 가끔 '너무 돈돈거리며 살고 싶지 않아'라고 이야기하는 경우가 있다. 이처럼 여전히 돈에 관한 정보에 관심을 가지는 것을 '속물'로 치부하는 경우가 흔하다.

나도 이해하지 못하는 것은 아니다. 돈에 얽매이지 않고 자유롭게 살고 싶어 하는 마음 백번 이해한다. 하지만 계속해서 돈에 대해 공부하지 않으면 돈이 없어 자유롭게 살 수가 없다. 자유롭게 살기 위해서라도, 나중에 돈이 없어 돈돈거리며 살지 않기 위해서라도 지금 바쁜 일상을 쪼개 최소한의 돈 공부라도 시작해야 한다.

돈 공부를 하면서 편견이 깨지다

재테크를 시작하기 전에 우선 투자에 대한 편견부터 깨는 것이 좋다. 나는 어릴 때부터 "주식은 도박이다"라는 이야기를 귀에 딱지가 앉도록 듣고 자랐다. 어찌나 세뇌가 되었던지, 심지어 미래에 평생 함께할 배우자의 조건에 '주식하지 않는 사람'이 꽤 상위 목록을 차지했을 정도였다.

그랬던 내가 작년부터 주식 투자를 시작했다. 뼛속 깊이 박혀 있는 편견을 깨고 내가 주식 투자를 시작할 수 있었던 것은 돈 공부 덕분이다. 나는 부동산이 최고의 안전한 자산이라 생각해 처음에는 부동산 공부에만 매달렸다. 그 덕분에 결혼 6개월 만에 내 집 마련에 성공할 수 있었다. 간절히 원하던 내 집 마련에 성공하고 나니 다른 투자 정보들이 눈에 들어오기 시작했다. 금 투자, 달러 투자, ETF, 가상화폐, 해외주식 등등 조금만 관심을 가지면 돈에 대한 정보들이 늘 넘쳐났다.

하지만 나는 투자에 대한 편견이 있어서 이런 투자 정보를 접하거나 기회가 왔을 때 항상 흘려보냈다. 잘 모르는 투자는 하지 않는 편이 좋기 때문에 그때 흘려보냈던 것은 현명한 선택이었다고 생각한다. 하지만 편견 때문에 투자 정보를 접했을 때 좀 더 깊이 공부해볼 생각을 하지 못했다는 점은 후회가 되었다.

'나는 주식은 싫어'라는 편견에 갇혀 전혀 성장하지 못했던 것이다. 그렇게 여러 번 좋은 기회를 놓쳤다. 처음에는 '난 주식이 싫으니까 상관없어'라고 생각했지만, 같은 경험을 여러 번 반복하자 '조금 더 알아볼까?' 하는 마음이 생기기 시작했다. 그렇게 점점 정보를 깊이 있게 공부하다가 드디어 작년 초 코로나19로 인해 큰 하락장이 왔을 때 처음으로 주식 투자를 시작했고, 그 이후로 계속해서 월 잉여자금의 30~50%를 주식에 투자하고 있다.

시작한 지 얼마 되지 않아 아직은 어려운 점이 많지만 한 번 거래를 할 때마다 배우는 점이 정말 많다. 투자를 하며 나만의 투자 원칙과 투자 스타일을 찾아가는 재미도 있다. 투자 정보에 대한 접근성이 높아졌기 때문에 부자 되는 방법을 알지 못해서 부자가 되지 못했다는 핑계는 더 이상 써먹을 수 없는 시대가 왔다. 힘들게 번 내 돈, 잘 굴려 제 소임을 다할 수 있도록 지금 당장 돈 공부를 시작해보자.

2장

부자 되는
마인드 세팅

습관이 부자를 만든다
부자 마인드 vs 빈자 마인드
나의 소비를 확 줄여주는 질문 4가지
나는 차라리 속물이 되기로 했다
물건 정리를 하면 돈이 모인다
미니멀 라이프, 내 인생을 바꾸다!

습관이
부자를 만든다

소비를 줄여주는 부자습관 10가지

어릴 때 나는 지하철이나 버스만 타면 물건을 두고 내리는 안 좋은 습관이 있었다. 아무리 노력해도 고쳐지지 않아 나는 아주 사소한 습관을 하나 만들었다. 지하철이나 버스에서 내릴 때 뒤돌아보는 습관을 만든 것이다. 그 후로 나는 단 한 번도 지하철이나 버스에 물건을 두고 내린 적이 없다.

절약에서도 같은 방법을 적용했다. 이미 자리 잡힌 소비 습관을 매번 의지력만으로 바꾸기는 어렵다. 그래서 나는 습관을 바꾸는 대신에 실천이 쉬운 새로운 습관을 만들었다. 돈을 안 써야지 다짐하기보다는 아주 사소한 습관들을 만들어 돈을 쉽게 쓰지 못하는 환경을 만들었다. 돈을 아끼기 위해 애쓸 필요 없이 알아서 돈이 아껴지도록 시스템화한 것이다.

내가 추천하고 싶은 소비를 줄여주는 부자 되는 습관은 다음 10가지이다.

호호양이 추천하는 부자습관 10가지

부자습관1. 되도록 쇼핑몰을 안 간다

부자습관2. 당장 소비하기보다는 다음 기회로 미룬다

부자습관3. 옷을 구입하기 전에 장롱 정리부터 한다

부자습관4. 택시를 타지 않는다

부자습관5. 커피를 테이크아웃하지 않는다

부자습관6. 세일에 무관심하기

부자습관7. 대량 구매를 안 한다

부자습관8. 할부를 절대 안 한다

부자습관9. 핸드폰 소액결제를 안 한다

부자습관10. 정기 구독 서비스의 지속 여부를 매달 평가한다

부자습관1. 되도록 쇼핑몰을 안 간다

주말만 되면 쇼핑몰에 습관처럼 발 도장을 찍는 사람들이 많다. 요즘 쇼핑몰은 영화관, 서점, 쇼핑 그리고 각 지역의 유명한 맛집까

지 푸드 코트에 모두 입점해 있어 우리를 강하게 유혹한다. 문화생활부터 시작해 맛있는 식사까지 한자리에서 다이렉트로 해결 가능한데다 겨울에는 따뜻하고 여름에는 시원하기까지 하니 이보다 좋을 수는 없다.

대부분 처음에는 단순한 목적으로 쇼핑몰을 방문한다. '어차피 장도 봐야 되니까'라든가 '밥만 먹고 오지 뭐'라는 가벼운 마음으로 쇼핑몰을 향해 발걸음을 옮긴다.

하지만 막상 쇼핑몰에 들어서면 '아, 그것도 사야 하는데!' 하며 살 것들이 떠오르기도 하고, 시간을 때우기 위해 시작한 아이쇼핑이 충동구매로 이어지기도 한다. 때로는 주차비를 지불하지 않기 위해 꼭 필요하지도 않은 억지 소비를 하기도 한다.

그렇게 쇼핑몰에서 시간을 보내다 집으로 돌아가는 길에 영수증들을 꺼내보면 10만 원을 훌쩍 넘기 일쑤다. 그제야 후회해보지만 이미 늦었다. 애써 '평일에 열심히 일했으니 이 정도는 괜찮아'라며 스스로를 달랜다.

게다가 쇼핑몰에 다녀오면 기운이 쪽 빠져서 저녁까지 배달 음식으로 해결하고 사온 물건은 꺼내보지도 못한 채 잠자리에 든다. 며칠 뒤 문득 떠올라 사온 물건들을 꺼내보면 '괜히 샀나?', '내가 이런 걸 왜 샀더라?' 이런 생각들이 들지만 환불하러 가자니 귀차니즘이 발동한다. 결국 사온 물건들은 서랍 속에서 오래도록 빛도 못 보고 자리만 차지하고 있다. 누구나 한 번쯤은 겪어보았을 이야기다.

나는 신혼 초에 이런 경험을 반복한 후 회의감이 들어 주말에는 쇼핑몰 대신에 공원이나 한강같이 많이 걸을 수 있는 곳으로 데이트를 간다. 쇼핑몰을 피해 많이 걸을 수 있는 데이트 코스를 찾다 보니 자연스럽게 카페투어를 하는 취미가 생겼다. 외식을 하고 카페까지 가면 식비가 크게 늘어나기 때문에 끼니는 간단하게 집에서 해결하고 매주 새로운 카페를 검색해 방문한다.

새로운 동네에 가서 골목에 숨어 있는 카페를 찾아다니다 보면 서울을 여행하는 기분이 들어 덕분에 여행 욕구도 줄어들었다. 날씨가 좋은 날은 자전거를 타기도 한다. 이렇게 쇼핑몰이 아닌 골목으로 데이트를 다니니 쇼핑할 곳이 눈에 보이지 않아 충동구매를 방지할 수 있게 되고 덤으로 부부간의 대화도 늘었다.

부자습관2. 당장 소비하기보다는 다음 기회로 미룬다

요즘에는 핸드폰을 켜고 터치 몇 번이면 몇 백만 원에 달하는 고가의 물건도 쉽게 구입할 수 있다. 그 편리함에 익숙해져 그때그때 떠오르는 물건을 모두 사다 보면 한 달의 반도 채 지나기 전에 생활비가 바닥날 가능성이 다분하다.

그래서 나는 사고 싶은 물건이 있을 때 가계부 위시 리스트에 적어놓고 '다음 주에 사야지'라고 마음먹는 습관을 만들었다. 이렇게 소비를 미루는 습관을 만들면 필요하지 않은 물건은 며칠만 지나도 잊히기 일쑤다.

게다가 꼭 필요하거나 사고 싶은 물건은 누가 시키지 않아도 일주일 동안 매일 틈틈이 최저가를 검색하게 되기 때문에 좋은 가격에 구입할 수 있다.

인터넷 쇼핑뿐만 아니라 쇼핑몰에서 마음에 드는 물건을 발견했을 때도 현장에서 바로 구매하지 않는다. 어떤 물건이든 '진짜 사고 싶으면 다음 주에 와서 사지 뭐!' 하며 내려놓는다. 충동구매를 막기 위해서다.

충동구매한 물건은 시간이 지나면 대부분 후회되기 때문에 충동구매를 막기 위해서 소비를 미루는 습관을 만들었다. 만약 집에 돌아와서도 며칠 동안 계속 그 물건이 아른거린다면 재방문하기보다는 인터넷으로 구입하고 있다. 요즘에는 백화점 브랜드도 인터넷 구매가 가능하고 대부분 인터넷 가격이 오프라인 가격보다 저렴하기 때문이다.

이미 바로바로 결제하는 습관을 가지고 있어 이 방법을 실천하기 어렵다면 일주일에 한 번 나만의 쇼핑데이를 정해두는 것도 도움이 된다. 일주일 동안 사고 싶은 물건이나 필요한 물건을 위시리스트에 적어두었다가 일주일 중 원하는 요일 하루에 몰아서 쇼핑하는 것이다. 한 주 쇼핑 예산도 함께 정해두는 것이 좋다.

이 방법은 하루에 큰 금액을 한 번에 소비하게 되기 때문에 스스로 경각심을 가지고 우선순위에 따라 소비 품목을 조절하게 도와주며 예산에 맞춰 쇼핑하는데도 효과적이다.

부자습관3. 옷을 구입하기 전에 장롱 정리부터 한다

인터넷 쇼핑몰을 보다가 마음에 드는 옷을 발견하거나 계절이 바뀔 때 '요즘 입을 옷이 너무 없다'라는 생각이 들면 나는 장롱 정리를 한다. 장롱을 정리하다 보면 인터넷에서 봤던 옷과 거의 비슷한 옷이 이미 내 장롱 안에 있을 때가 많다.

그리고 자주 정리하는 편인데도 정리할 때마다 버릴 옷이 한가득 나온다. 버릴 옷들이 수북이 쌓여 있는 것을 보면 '옷을 사서 무엇 하나. 어차피 쓰레기가 될 것을' 싶기도 하고 '쓰레기를 만든다는 것'에 죄책감이 들어 소비욕이 사라진다.

게다가 사놓고 한 번도 입지 않은 옷을 발견하면 사려던 물건을 다시 한 번 냉정하게 평가할 수 있게 된다. 비단 옷뿐만이 아니라 어떤 물건이든 필요해서 사야겠다는 생각이 들면 우선 동일 품목을 꺼내놓고 정리하면서 진짜로 꼭 필요해서 사고 싶은 것인지 스스로에게 되묻는 과정을 거친다.

이처럼 소비욕이 올라올 때 방 정리를 하면 대부분 이미 비슷한 물건이 집에 있거나 새로운 물건을 대체할 물품들이 집에 넘쳐난다는 사실을 새삼 확인하게 된다.

부자습관4. 택시를 타지 않는다

솔직히 택시가 다른 대중교통에 비해 편리하다는 것은 부정할 수 없는 사실이다. 심지어 요즘에는 앱만 켜면 언제 어디서든 택시를 불러 이용할 수 있고, 결제도 카드 연동으로 자동결제되어 편리하다.

그러나 항상 이런 편리함 뒤에는 과소비가 따라오기 때문에 경각심을 가져야 한다. 택시 한두 번 타는 게 무슨 과소비냐고 생각할 수 있지만 택시 타는 것이 습관이 되어 매달 고정비와 같이 일정 금액이 지출되어 나가는 것은 과소비다.

내가 아는 지인 C는 택시비만 한 달에 30만 원 이상을 사용한다. 우스갯소리로 택시비 내기 위해 회사를 다닌다고 말할 정도다. C는 그만큼 택시의 편리함을 절대 포기하지 못하겠다고 말한다. 습관이 이렇게 무섭다. 만약 한 달에 10만 원 이상 고정적으로 택시비를 사용하고 있다면 경각심을 가지고 다시 한 번 기회비용을 따져봐야 한다.

앞서 이야기했듯이 택시를 안 타는 습관을 만들기는 어렵다. 목표를 '이제부터 절대 택시 안 타기'라고 정하는 것보다는 일주일에 다섯 번 정도 택시를 탔다면 '일주일에 택시 3회 타기' 이렇게 조금씩 횟수를 줄여나가는 것이 효과적이다.

가계부 코칭을 하며 새롭게 알게 된 사실은 많은 직장인들이 회사에 지각하지 않기 위해 택시를 탄다는 것이었다. 비싼 택시를 타는 안 좋은 습관이 있는 대부분의 수강생은 회사에 지각하지 않기 위해 택시를 자주 이용했다. 회사에 출근하기 위해 지출하는 소비만큼 아까운 소비가 없다. 아침에 조금만 여유롭게 일어나 출근 준비를 하는 것만으로도 이런 쓸데없는 과소비를 줄일 수 있다.

부자습관5. 커피를 테이크아웃하지 않는다

나는 커피값 4,000원에서 50%는 자릿값이라고 생각한다. 만약 그 자리에 그 금액만큼을 지불할 생각이 있다면 커피값이 아깝지 않다. 혼자 조용히 유튜브 영상을 기획하러 스타벅스에 가거나 친구들을 만나 수다 떨 공간이 필요해서 카페를 방문해서 5,000원을 지불하는 것은 전혀 돈이 아깝지 않다는 것이다. 커피값 4,000원으로 커피의 가치를 사는 것이 아니라 공간의 가치를 산다고 생각하기 때문에 그 자리에 앉아서 시간을 보낸다면 커피값의 가성비가 나쁘지 않다고 생각한다.

반면에 같은 커피를 같은 값에 테이크아웃해서 마신다면 그 커피값의 가성비가 뚝 떨어진다. 테이크아웃하면 자릿값이 포함되지 않은 오직 커피의 가치로만 그 가격을 평가하기 때문이다. 원가를 따져보면 자릿값을 제외한 커피의 가치로만 평가했을 때 커피값 4,000원은 바가지다.

그래서 나는 웬만하면 테이크아웃을 하기 위해 카페를 방문하지 않는다. 만약 테이크아웃을 꼭 해야겠다면 2,000원 이하 테이크아웃 전문점 커피체인점을 이용한다.

이처럼 커피를 끊는 것도 아니고, 카페에 발길을 끊는 것도 아니고, 오직 '테이크아웃'을 멀리하자는 것이기 때문에 누구나 쉽게 실천할 수 있는 커피값 절약 방법이다.

부자습관6. 세일에 무관심하기

정기적으로 구매하는 상품이 있다면 그 상품 브랜드의 세일이나 핫딜에 항상 관심을 가지는 것이 현명하다. 하지만 필요한 물건도 없는데 'ㅇㅇ세일', '◇◇핫딜' 이런 마케팅에 현혹되어 홈페이지를 방문하거나 매장을 방문하는 것은 충동구매를 부르는 행동이다.

나도 결혼 전에는 지나가다 세일 현수막이 붙어 있는 매장은 그냥 지나치지 못하고 습관처럼 들어가고는 했다. 매장 안을 가득 메운 세일에 들떠 있는 사람들을 보면 나도 지지 않고 무엇이라도 하나 건져 '득템'을 해야겠다는 생각에 초조해졌다.

그리고 그제야 핸드폰으로 관심도 없던 그 브랜드의 유명 제품을 검색해 계획에도 없던 충동구매를 했다. 필요하다고 생각한 적 없었던 물건도 '50%' 스티커만 붙어 있으면 놓치면 손해라고 합리화했다.

처음 절약을 실천하기 시작했을 때는 세일에 관심을 가져야 한다고 생각해서 온갖 SPA 브랜드나 로드 숍 브랜드를 메신저 친구로 등록해두고 세일 알림을 받으면 어김없이 홈페이지를 방문했다. 하지만 곧 세일에 관심을 가질수록 오히려 더 잦은 소비를 한다는 것을 깨달았다.

게다가 이렇게 세일 때 싸다는 이유로 충동구매한 물건은 막상 택배를 열어보면 마음에 들지 않을 때가 많았다. 100% 마음에 드는 것은 아니지만 50% 할인받아 산 것이니 50%만 마음에 들어도 되지 뭐 하는 마음에 환불도 안 하게 된다. 결국 이렇게 구매한 물건들은 집안 한구석에 자리만 차지하고 있다.

이런 경험을 몇 번 하다가 이제는 세일 소식에 관심 갖지 않기로 결심했다. 시시때때로 유행처럼 지나가는 ○○세일, ◇◇데이 등등에 휘말리지도 않는다. 온갖 쇼핑 앱도 모두 지우고 쇼핑 알림도 차단했다.

꼭 필요한 물건이 있을 때에만 사이트를 방문하고, 그만큼의 돈을 지불할 의사가 있을 때 결제한다. 굳이 세일 때까지 기다리지도 않는다. 오히려 이렇게 소신 있게 소비를 할 때 소비만족도도 높고, 구입한 물건에 대한 애착도 강하다는 것을 이제는 알고 있기 때문이다.

'안 사면 100% 세일'이라는 유명한 말이 있다. 각종 세일 소식이 실시간 급상승 검색어로 올라올 때마다 나는 이 말을 떠올린다.

부자습관7. 대량 구매를 안 한다

내 지인 E는 매일 회사 점심시간마다 편의점에서 간식을 사먹었다. 이렇게 자주 사먹을 바에야 인터넷에서 대량으로 구매해 먹는 것이 훨씬 경제적이라는 생각이 들어 좋아하는 간식을 40개 대량으로 구매했다. 택배를 기다리며 40개니까 두 달은 충분히 먹을 수 있겠다고 좋아했다.

그런데 두 달 치라고 생각한 간식은 한 달 만에 동이 났다. 예전에는 점심시간에만 간식을 먹었지만 집에 간식을 사두니 TV를 보며 입이 심심할 때마다 간식을 꺼내 먹었던 것이다.

이처럼 물건을 대량으로 미리 구매해두면 물건을 헤프게 쓰게된다. 우리가 어떤 물건이 필요할 때 수중에 없으면 살까 말까 고민하는 시간을 가지기 마련이지만 이미 물건이 준비되어 있으면 고민하는 시간 없이 소비해버리기 때문이다.

보통 대량 구매를 많이 하는 것은 식품류나 생필품류이다. 늘 사용하는 물건이기 때문에 대량으로 싸게 사두는 것이 이득이라 생각해 대량 구매하는 경우가 많다. 하지만 나는 이중에 어떤 것도 대량 구매를 하지 않는다.

생필품을 구매할 때도 개당 가격이 비싸더라도 가장 개수가 적거나 용량이 적은 패키지 상품을 구매한다. 좁은 집에 자리만 차지하고 있는 것도 싫고, 용량이 크면 그만큼 헤프게 쓰게 되기 때문이다.

냉동식품이나 가공식품의 경우도 오래 보관하다 보면 찝찝해서 먹기 싫어질 때도 있고, 대량으로 구매할 경우 반 정도 먹고 나면 질려버려 안 먹게 되는 경우가 많아 단품으로 구매하는 편이다.

더불어 1+1 제품도 구매하지 않는다. 나는 매번 사용하는 제품은 마트에 갈 때마다 가격표를 확인하며 시장조사를 잘해두는 편이다. 그래야 할인할 때 진짜 할인하는 것인지 할인 표시만 해둔 것인지 알 수 있기 때문이다. 또한 계절이나 수급 상태에 따라 저렴한 식재료를 선택해 식비를 절약할 수 있다는 장점도 있다.

그런데 가격표를 꼼꼼히 보다 보니 뜻밖의 재미있는 사실을 발견했다. 어떤 상품이 1+1 행사를 시작하면 그 제품의 단품 가격표가 훨씬 비싼 가격으로 바뀌어 있었던 것이다. 예를 들어, 기존에 단품 가격이 5,000원이었던 상품이 1+1 행사를 시작하면 단품 가격은 7,000원으로 바뀌어 있고 1+1 패키지 상품 가격은 9,000원으로 책정되어 있는 경우가 많았다.

기존 단품 가격은 5,000원이기 때문에 9,000원짜리 1+1 패키지 상품은 10% 할인된 것이지만 1+1 행사 기간 동안 단품 가격이 7,000원으로 바뀌어 있으니 소비자 입장에서는 2,000원만 더 지불하면 한 개를 더 살 수 있다고 생각해 1+1 상품을 선택하게 된다. 사실 단품 가격표라도 확인하면 다행이다. 대부분은 1+1이면 무조건 이득이라고 생각해 장바구니에 담기 바쁘다.

나는 이러한 시장조사를 토대로 아무리 저렴하다 해도 1+1 상품은 구매를 고려하지 않는다. 그러나 만약 가족 구성원이 많아 1+1 제품을 자주 구매하고 있다면 평소에 시장조사를 잘해두고 진짜 저렴한 것인지 무늬만 저렴한 것인지 구별해서 선택해야 한다.

부자습관8. 할부를 절대 안 한다

100만 원의 상품도 10만 원짜리로 보이게 하는 마법, 1년 무이자 할부. 할부의 유혹은 누구나 거부하기 어렵다. 당장의 소득으로는 엄두도 못 내는 값비싼 상품도 무이자 할부 혜택과 함께라면 만만하고 저렴하게 느껴지기 때문이다.

이렇게 값비싼 상품이 싸게 느껴지는 만큼 소비가 늘어날 가능성이 커진다. 신용카드는 무이자 할부라는 달콤한 단어로 비싼 상품을 싸게 느끼게 해 소비를 조장한다. 게다가 고민하는 시간도 짧아지기 때문에 지출 후에 후회할 가능성도 크다.

나는 재작년부터 건조기가 사고 싶었다. 만약 신용카드 할부를 이용하는 습관이 있었다면 갖고 싶다는 생각이 들자마자 무이자 할부 24개월을 활용해 구입했을지 모른다. 하지만 나는 '할부도 빚이다'라는 확고한 신념을 가진 사람이고, 24개월 동안 빚쟁이에게 시달리고 싶지 않았기 때문에 생활비 중 쓸데없이 지출되고 있는 푼돈을 줄여 6개월 만에 100만 원 가까운 돈을 모아 구매했다.

6개월이라는 시간 동안 나는 푼돈을 모으며 계속해서 건조기가 나에게 꼭 필요한 물건인지 고민하는 시간을 가졌다. 그 긴 시간을 고민하고 자금을 모으는 노력을 한 끝에 장만한 물건이기 때문에 나는 항상 건조기를 볼 때마다 뿌듯하고 후회가 없다.

무이자 할부 혜택이 있는 마성의 신용카드는 애초에 사용하지 않는 게 가장 좋다. 하지만 대부분 한 달에 받는 신용카드 혜택이 아쉬워서 신용카드를 해지하지 못하는 게 현실이다. 해지하지 못한다면 할부 기능은 없는 셈치고 일시불로 사용하여 신용카드의 단점을 보완하는 것을 추천한다.

부자습관9. 핸드폰 소액결제를 안 한다

핸드폰 소액결제는 핸드폰 번호만 인증하면 결제금액이 다음 달 핸드폰 요금에 합산되어 나가는 결제 시스템이다. 핸드폰 소액결제를 이용하게 되면 지출 방법이 한 가지 더 추가되는 꼴이다. 이렇게 지출 방법이 여러 개로 쪼개지면 돈 관리가 어렵거나 복잡하게 느껴져 지출 관리에 소홀해진다. 게다가 소액결제는 신용카드와 달리 결제 내역을 찾아보기가 번거롭다. 그래서 결제해놓고도 기억도 못하는 일이 빈번히 발생한다.

나는 처음 가계부 코칭을 시작했을 때, 대부분의 수강생들이 핸드폰 소액결제 금액을 고정지출 안에 통신비 지출로 기록한다는 사실을 발견하고 놀랐다. 통신비에 딸려 지출되는 내용이다 보니 단순히 '통신비'라고 생각한 것이다. 이렇게 '고정지출-통신비'로 잘못 기록된 지출은 제대로 된 피드백이 불가능해 지출 관리를 방해한다. 따라서 애초에 돈 관리를 어렵게 만드는 핸드폰 소액결제를 이용하지 않는 것이 좋다.

나 또한 대학교 때 철없이 용돈이 떨어지면 소액결제 서비스를 신용카드 대용으로 사용하고는 했다. 월말에 생각지도 못한 핸드폰 결제금액을 마주할 때마다 '다시는 소액결제 안 할 거야!'라고 마음먹었지만 늘 의지력이 약해서 실패했다. 이후에 통신사에 소액결제 차단을 신청할 수 있다는 사실을 알고 겨우 끊을 수 있었다. 나처럼 의지력이 약한 사람이라면 고민하지 말고 소액결제 차단을 신청하자.

부자습관10. 정기 구독 서비스의 지속 여부를 매달 평가한다

요즘은 무엇이든 구독이 대세다. 유튜브, 넷플릭스, 왓챠플레이 등 영상 구독 서비스부터 꽃이나 맥주를 정기 구독해서 택배로 받아보는 서비스까지. 그 외에도 쿠팡 로켓와우나 마켓컬리처럼 매달 일정 금액을 내면 배송비 혜택을 주는 서비스도 있다. 이런 구독 서비스가 매우 편리하다는 것은 부정할 수 없지만 피할 수 없는 사실은 돈 쓰는 게 편리해지면 소비는 늘어난다는 것이다.

구독 서비스를 가입하기 전에 꼭 고려해봐야 할 것이 있다. 구독 서비스를 이용해 정기로 지출하는 돈이 늘어날수록 비고정지출 안에 고정지출이 늘어나기 때문에 자유롭게 사용할 수 있는 생활비가 줄어든다는 것이다. 또한 의외로 많은 사람들이 매달 유용하게 사용하고 있지 않은 정기 구독 서비스를 해지하기 귀찮다는 이유로 유지하고 있는 경우가 많다. 메모지에 현재 이용하고 있는 구독 서비스 목록을 모두 작성해보고 한 달 이용 횟수를 적어보자. 한 달 사용 횟수가 4회 미만이라면 과감하게 해지하는 것이 현명하다.

소비를 줄여주는 사소한 습관 총 10가지를 소개해보았다. 이 10가지에 앞서 무엇보다 가장 효과적인 소비를 줄여주는 습관은 바로 '절약'에 대한 관심이다. 매일, 꾸준히, 완벽하게 실천하지는 못하더라도 꾸준한 관심이 작은 변화를 불러온다.

부자 마인드 vs 빈자 마인드

비슷한 집안 환경에 비슷한 스펙으로 같은 회사에 취업했는데도 10년 후 유달리 자산을 많이 불린 친구들이 있다. 이 친구들은 무엇이 다르기에 자산을 불렸을까? 무언가 대단히 특별히 다른 능력이 있어서일까? 고소득자이기 때문일까? 나는 항상 궁금했다.

나는 직접 자산을 불리고 나서야 그 답을 찾았다. 부자가 되는 사람들과 부자가 되지 못하는 사람들의 차이는 생각보다 아주 사소한 것에 있었다.

취업만 하면 끝인 줄 알았는데……

2030 밀레니얼 세대는 어릴 때부터 부모님에게 좋은 대학에 들

어가 좋은 회사에만 취업하면 된다는 이야기를 듣고 자란 세대다. 그런데 막상 오랜 시간 열심히 노력해서 취업에 성공해 현실을 직면하면 생각과 많이 다르다는 것을 알게 된다.

좋은 회사에만 들어가면 중형차를 사고 내 집 마련을 금방 할 수 있을 줄 알았는데, 현실은 여전히 뚜벅이에 내 집 마련은커녕 월세 신세가 대부분이다. 나도 사회인이라면 명품 백 정도는 요일별로 다른 것을 들 수 있고, 1년에 한 번 있는 휴가에는 매년 유럽 여행 정도는 쉽게 가는 줄 알았다. 그런데 막상 사회생활을 시작해보니 대학교 때랑 별반 달라진 게 없었다. 여전히 레스토랑에 가면 메뉴판을 보며 가격부터 확인했고, 부모님에게 용돈 드릴 때마다 얼마를 드려야 하나 망설였다. 사회생활만 시작하면 좀 더 풍요로운 생활을 할 수 있을 줄 알았는데 여전히 현실은 팍팍했다.

직장생활을 시작하고 나면 사회 초년생은 두 부류로 나뉜다. 포기하는 자와 포기하지 않는 자. 여기서 포기하는 자는 현실을 직면하고 나서 자신의 미래가 희망적이지 않다고 생각해 그냥 현실에 안주하는 사람들이다. 그들은 대부분 불분명한 미래를 위해 현재를 포기하기보다는 현재를 즐기는 것을 선택한다.

더 심각하게는 원래 자신이 꿈꾸던 사회 초년생의 자화상을 실현하기 위해 현실을 외면하고 매달 월급의 대부분을 소비한다. 이들은 늘 불안하지만 불안함조차 소비를 통해 외면하는 경우가 많다. 또한 가끔 친구들이 자산을 불렸다는 이야기를 들으면 잠깐 관심을 갖다가도 돌아서면 잊는다. 돈에 무관심한 것이다.

더 이상 적당히 살지 않기로 했다

나 또한 다르지 않았다. 나는 사회 초년생이 되었을 때 기대했던 것과 다른 현실에 안주하기로 했다. 이미 10대부터 20대까지 10여 년에 걸쳐 나름 노력해왔다고 생각했고 보상이 필요했다. 그래서 월급의 대부분을 여러 가지 핑계를 대며 소비했다.

저축하지 못하는 달마다 이번 달은 친구들 모임이 많아서 어쩔 수 없었고, 이 달은 부모님 생일이 있어 어쩔 수 없었으며, 또 이 달은 여행을 가야 했기 때문에 어쩔 수 없었노라고 이런저런 핑계를 대며 합리화했다.

결혼 후에도 나는 두 가지 선택을 할 수 있었다. 적당히 현실에 안주해 결혼 전에 하던 소비 생활을 포기하지 않고 계속해서 대출을 받아가며 전세살이 하는 삶을 선택할 수도 있었다. 투자를 한 번도 해보지 않은 나는 단순 덧셈으로만 우리의 자산 증가를 예측할 수 있었고 그렇게 계산한 미래는 분명히 희망적이지 않았다.

신혼 첫 달 가계부를 보며 스스로에게 질문했다. '그냥 이대로 적당히 살래?' 그 답은 늘 같았다. 지금까지와 같이 적당히 살고 싶지 않았다. 벌써부터 적당히 살겠다고 외면하기에는 남은 인생이 너무 길게 느껴졌다. 젊을 때 돈이 없으면 초라해 보이지 않지만 나이 들어서도 돈이 없으면 스스로가 너무 초라하게 느껴질 것 같았다. 나는 초라해지고 싶지 않았다.

그래서 포기하지 않았다. 우선 딱 1년만 죽도록 노력해보자고 마음먹었다. 1년 동안 소득을 늘리기 위해 결혼 전보다 일도 더 많이 했다. 조금이라도 아끼기 위해 매일 가계부를 썼고, 매일 부동산이나 금융 상품 등 투자 공부를 했다. 정말 정직하게 하루하루 노력하다 보니 자산이 눈덩이처럼 불어났다. 결혼 초에 단순 덧셈으로 예측했던 자산의 규모가 예상과는 달리 곱으로 증가했다.

포기하지만 않는다면 누구나 부자가 될 수 있다

앞서 이야기했듯이 돈은 관심을 먹고 자라는 나무와 같다. 돈에 대해 관심과 애정을 가지고 물도 주고 해도 비춰주면 무럭무럭 자라난다. 부자가 되고 싶다는 사람은 많지만 돈에 관심을 가지고 애정을 쏟는 사람은 의외로 별로 없다. 나는 그 이유가 이미 무의식 중에 부자가 되길 포기했기 때문이라고 생각한다.

대단한 사람들이 부자가 되는 것이 아니다. 나와 특별히 다른 사람들이 부자가 되는 것이 아니다. 단지 그들은 부자가 되는 것을 포기하지 않았을 뿐이다. 매일매일 조금이라도 더 부자가 되기 위해 돈 이야기에 귀 기울이고 할 수 있는 최선을 실천했기 때문에 조금씩 성장한 것이다.

지금까지 부자의 길로 들어서지 못했다면 그 이유는 별거 없다. 해보기도 전에 안 될 것이라고 단정해 포기한 것이다. 내가 취업 후 저축을 시작하지 못했던 이유는 쥐꼬리만 한 수입에 저축해봤자 달라질 것 없다고 믿었기 때문이다. 부자가 될 수 없다고 생각해 부자가 되는 것을 미리 포기한 것이다.

내가 다시 그때로 돌아가 부자가 되는 것을 포기하지 않았다면, 적은 월급이라도 내가 버는 돈에 애정을 가지고 가꿨다면 분명히 큰 결과를 맛볼 수 있었을 것이다.

그렇다고 지난 과거를 후회하거나 자신을 탓할 필요는 없다. 누구에게나 성장보다는 포기가 쉽기 때문이다. 그래서 우리 주위에는 부자가 되는 사람보다 현 상태를 유지하거나 조금씩 더 가난해지는 사람들이 더 많다.

지금이라도 부자가 되고 싶다면 늦지 않았다. 나 또한 서른한 살에야 내 돈에 관심과 애정을 쏟기 시작했다. 더 이상 자신을 방치하지 말고, 포기하지 않고 도전해보자. 저금리 시대라 아무리 저축해도 부자가 될 수 없다고 단정 짓지 말고, 터무니없이 비싸진 집값 때문에 내 집 마련은 꿈도 못 꾼다고 미리 결론내지도 말자.

앞으로는 내가 부자가 될 수 없는 이유를 떠올리기보다는 내가 부자가 되어야만 하는 이유를 떠올리는 습관을 만들어보자. 더도 말고 덜도 말고 1년 동안 최선을 다해 부자가 되기 위해 노력해보는 시간이 가져보는 것이다. 해보고 나서 역시 흙수저에 평범한 월급쟁이가 부자 되는 것은 불가능하다고 결론이 난다면 그때 포기해도 늦지 않다. 지금 최선을 다한다고 손해 볼 것은 하나도 없다.

나의 소비를
확 줄여주는 질문 4가지

과외를 할 때 가르치던 학생들이 축제 때만 되면 특이하고 개성 있는 단체티를 맞추었다고 나에게 자랑을 했다. 그럴 때면 나도 모르게 절로 '라떼는 말이야'라는 말이 나오곤 했다. 내가 청소년 때만 해도 반 이름이 들어간 단체티를 맞추기 위해서는 직접 동대문에 방문해야만 했다.

경기도에 살았던 나는 친구들과 함께 주말 하루 날을 정해 버스를 타고 왕복 두 시간 이상이 걸려 단체티를 맞췄던 기억이 있다. 소비의 과정 자체가 매우 번거롭고 어려웠던 것이다.

하지만 20년 정도 지난 지금은 인터넷 쇼핑이 발달해 어떤 물건이든 핸드폰을 꺼내 검색창에 원하는 상품명을 입력하면 그만이다. 인터넷 쇼핑을 통해 구하지 못할 물건이 없다. 게다가 간편결제

시스템이 다양해지면서 한 번 등록만 해두면 비밀번호 여섯 개나 지문 인식 한 번이면 3초 안에 결제가 가능하다.

덕분에 바빠서 쇼핑할 시간이 없다는 것도 옛말이 되어 버렸다. 그래서 야근에 주말 출근을 밥 먹듯이 하는 사람이라도 소비가 적지 않다. 백화점 갈 시간이 없어도 마트에 갈 시간이 없어도 퇴근길 버스 안에서 핸드폰만 켜면 작은 네모 안에 나를 위한 모든 상점이 준비되어 있기 때문이다.

이렇게 쇼핑이 편리해진 만큼 우리 지갑은 가벼워지고 저축은 더 어려워졌다. 저금리 시대라 부자 되는 것이 어려운 게 아니라 소비가 쉬워져서 부자 되기가 더욱더 어려워진 것이다. 소비가 너무 편리해진 스마트한 세상에서 내 지갑을 지키기란 여간 어려운 게 아니다. 그래서 나는 소비를 하기 전에 스스로에게 몇 가지 질문을 던진다.

질문1. "남을 위한 소비인가, 나를 위한 소비인가?"

어떤 물건을 갖고 싶다는 욕구가 생기면 이것이 남을 위한 소비인지 나를 위한 소비인지 스스로에게 질문해보자. 생각보다 남을 위한 소비를 습관처럼 하고 있는 경우가 많다. 나 또한 지난 20대를 돌아보면 대부분의 소비가 남을 위한 소비였다.

특히, 내 취향도 제대로 모르던 대학교 때 무작정 유행하는 옷은 다 사고 보는 습관이 있었다. 막상 사놓고는 어울리지 않거나 사이

즈가 안 맞아 보관만 하다 버린 옷이 한두 벌이 아니다.

결혼할 때 본가에서 이삿짐 정리를 하면서 지금까지 내가 한 번도 옷을 좋아한 적이 없었다는 사실을 깨달았다. 이 옷 저 옷 입어 보는 것도 좋아하지 않으면서 남에게 누추해 보이지 않기 위해 조금은 '세련되다'라는 소리를 듣고 싶어 소비를 한 것이다. 유행 타는 옷을 잔뜩 사놓고는 매일 아침이면 평범한 바지에 티셔츠를 입었다. 20대 내내 나를 위한 소비가 아닌 남을 위한 소비를 했던 것이다.

우리 주위를 둘러보면 소비의 대부분을 남을 위한 소비로 채우고 있는 사람들이 많다. 상대에게 잘 보이기 위해 주말에 데이트할 때만 타는 승용차를 고급 외제차로 뽑거나(게다가 리스로) 서울 도심에 고급 주거 시설에 몇 백만 원 하는 월세를 내며 살고 있다.

외제차나 고급 주거 시설이 무조건 나쁘다는 것이 아니다. 굳이 나에게 필요하지 않은 것을 체면이나 시선 때문에 무리해서 선택하는 것이 어리석다는 것이다. 같은 소비라 해도 진정으로 나를 위한 소비나 자기 계발을 위한 투자라는 생각이 들면 나를 위한 소비가 될 수 있다.

예를 들어, 똑같은 외제차라 해도 데이트 때 잘 보이기 위해 무리해서 구입하는 것은 남을 위한 소비이지만 일 때문에 장거리 운전을 많이 해서 안전을 위해서 고심하다 선택한 것이라면 나를 위한 합리적인 선택일 것이다.

처음에는 남을 위한 소비인지 나를 위한 소비인지를 구분하는 게 쉽지 않다. 대부분의 사람들이 남을 위한 소비를 당연하게 여기고 있기 때문이다. 이것도 연습이 필요하다. 추천하는 방법은 5만 원 이상 넘어가는 소비는 모두 남을 위한 소비인지 스스로에게 질문하는 시간을 가지는 것이다.

반복해서 소비를 구분하다 보면 진정으로 내가 좋아하는 것이 무엇인지 알게 되어 차츰 남을 위한 소비와 멀어지게 된다.

질문2. "생명을 유지하는데 필요한 물건인가?"

이것은 내가 가장 좋아하는 재테크 책인 《90일 완성 돈 버는 평생 습관》에 소개되어 있는 내용이다. 소비를 줄이는데 생명까지 들먹여야 하나 싶을 수 있지만 이 질문은 필요와 불필요를 구분하기 가장 좋은 질문이라고 생각한다.

나는 이 질문을 생필품이나 주방용품을 구입할 때 많이 사용하고 있다. 천원숍에는 가지고 있으면 요리 시간이 단축되고 편리할 것만 같은 다양한 아이디어 상품들이 넘쳐난다. 게다가 가격도 저렴하니 혹할 때가 한두 번이 아니다. 이때 나는 스스로에게 '생명을 유지하는데 꼭 필요하니? 이것 없다고 살림을 못하니? 이것 없다고 죽니?'라고 질문한다. 늘 답은 '아니오'이다.

생명을 유지하는데 필요하지 않은 물건이라면 무조건 구매를 하지 말아야 한다는 의미는 아니다. 굳이 생명 유지에 필요하지 않지만 그럼에도 불구하고 내가 가치 있다고 생각하거나 나를 오래오

호호양의 미니멀 재테크

래 행복하게 해줄 물건은 과감하게 구매하는 편이다.

그럼에도 불구하고 물건을 구매 전에 반드시 이 질문을 떠올리는 이유는 필요가 아닌 내 욕구에 의한 구매 목록을 구분해 경각심을 가지기 위해서다. 나는 실제로 이 질문을 습관화한 후로 '욕구에 의한 소비'가 현저히 줄어들었다.

질문3. "대체할 물건이 있는가?"

나는 인테리어에 관심이 많다. 결혼 초에는 아무 생각 없이 예쁜 인테리어 소품이나 소가구를 보면 무턱대고 결제를 하곤 했다. 그런데 이렇게 가지고 싶을 때마다 무턱대고 구매한 물건들이 쌓여 신혼집이 점점 좁아지는 것을 경험했다.

그래서 작은 오피스텔을 크게 사용하기 위해 나는 늘 가지고 싶은 물건이 생길 때마다 '집에 있는 물건으로 대체할 수는 없을까?'라고 질문했다. 바로 떠오르는 물건이 있다면 단호하게 검색창을 닫거나 물건을 내려놓았다.

이 질문이 정말 좋은 이유는 물건의 가짓수를 줄여주기도 하지만 물건의 종류 수를 줄여주어 물건을 관리하는데 쏟는 에너지를 줄여준다는 사실이다. 우리는 생각보다 많은 시간을 물건을 관리하는데 사용하고 있다. 대표적으로 생필품의 경우 물건이 떨어질 때를 잘 보고 재구매를 해야 한다. 식료품의 경우는 유통기한 등 재고 관리도 필요하다.

나는 결혼하고 내 살림을 시작하면서 직장생활을 하며 이런 자잘한 곳에 에너지를 쏟는 일이 매우 번거롭게 느껴졌고 때로는 스트레스가 되었다. 그런데 "대체할 물건이 있는가?"라는 이 질문을 습관화하자, 지금은 늘 사용하던 물건만 사용하고 물건의 종류는 계속해서 줄어들고 있다.

질문4. "이것은 나를 설레게 하는가?"

꼭 필요한 물건은 아닐지라도 나를 오랫동안 설레고 행복하게 한다면 합리적인 소비라고 생각한다. 실제로 구입하고 나서 볼 때마다 기분이 좋아지는 물건들이 있다. 반면에 너무 사고 싶었던 물건이 있어 무이자 할부 6개월로 구입했는데 할부가 끝나기도 전에 그 물건에 질린 경험이 있다.

사람마다 '설렘'의 기준은 모두 다르다. 자신이 어떤 물건에 설레는지 모르겠다면 집 안의 물건을 정리하면서 1년 이상 정말 잘 쓰거나 잘 샀다고 생각되는 물건과 산 지 얼마 안 되었는데도 불구하고 심드렁해진 물건을 구분해보는 것이 도움이 된다.

또한 진짜 설렘과 가짜 설렘을 구분하는 가장 좋은 방법은 '소비 미루기'다. 당장 사고 싶다고 생각한 물건도 '소비 미루기'를 하면 일주일도 안 돼 잊혀지는 경우가 다반사다.

나는 차라리
속물이 되기로 했다

    어릴 때 나는 어른들한테 "너무 사람이 돈을 쫓으면서 살면 안 돼", "세상에 돈이 중요한 게 아니야"라는 말을 자주 들으며 자랐다. 하지만 어릴 때부터 조숙했던 나는 그 말에 선뜻 동의하지 못했다. 우리 집의 경우 아버지는 평생 사업을 하셨다. 사업이 잘될 때는 꽤 풍족하다고 느꼈지만 사업이 잘 안 될 때는 온 가족이 예민해지곤 했다. 그래서 어린 나이에도 돈이 나의 삶을 좌지우지한다는 생각을 지울 수가 없었다. 돈에게 주도권을 빼앗긴 느낌이었다.

    늘 마음속 깊은 곳에서는 돈만큼 중요한 게 없다고 생각했지만 그렇게 생각하는 나를 다른 사람들이 속물이라고 욕할까 봐 차마 돈 앞에 의연한 척 나를 포장하곤 했다. 너무 돈돈 하는 모습을 보여주지 않기 위해서 공짜 이벤트나 할인 정보에 관심 없는 척을 하고, 더 많은 돈을 벌려고 노력하는 모습이 자칫 돈 앞에 아등바등하는 것처럼 보일까 봐 적당한 벌이에 만족하며 살았다. 돈 많은 이성을 만나면 오히려 관심 없는 척을 하기도 했다.

돈과의 관계부터 개선하라

재테크를 시작하고 여러 권의 돈에 대한 마인드 책들을 접하면서 나의 이런 행동이 돈을 밀어내는 행동이라는 것을 깨달았다. 사실 마음속으로는 돈을 좋아하면서도 어릴 때부터 자주 들었던 "사람이 너무 돈만 밝히면 안 돼"라는 말이 내 무의식에 자리 잡아 돈을 멀리하려고 한 것이다.

예를 들어, 좋아하는 친구가 있다고 가정해보자. 그런데 주위 어른들이 그 친구는 질이 나쁘다며 절대 놀면 안 된다고 자꾸만 잔소리를 한다. 집에만 가면 친구 욕을 듣다 보니 점점 그 친구를 만날 때마다 어색해지고 민망해진다.

한편으로는 정말로 그 친구와 친하게 지내는 나를 다른 사람들이 좋지 않게 평가할까 봐 신경이 쓰인다. 결국은 아무리 좋아했던 친구라 할지라도 멀어질 수밖에 없다. 나에게 있어 돈은 이처럼 평판이 안 좋은 친구와 같았다.

나는 이 사실을 깨닫고 처음부터 다시 돈과 새로운 관계를 쌓기로 했다. 돈과의 관계도 인간관계와 같다. 나는 돈을 끌어당기기 위해 돈 앞에 솔직해지기로 했다. 나를 좋아하는 친구를 외면하기 어

호호양의 미니멀 재테크

렵듯이 처음에는 짝사랑이라 할지라도 돈을 좋아하는 마음을 표현하기로 한 것이다.

더 이상 "속물이다", "돈을 너무 밝힌다"라는 남의 말에도 신경 쓰지 않기로 했다. 밤마다 다이어리에 "돈아, 사랑해!"라고 적었다. 처음에는 적으면서도 여전히 한편으로 내 자신이 속물처럼 느껴지곤 했다. 하지만 시간이 지날수록 공책에 적지 않아도 자연스럽게 누구 앞에서든 나는 돈이 좋다고 솔직하게 이야기할 수 있게 되었다.

나는 차라리 속물이 되기로 했다. 더 이상 남들 앞에서도 돈을 좋아하지 않는 척 가식 떨지 않게 되었다. 돈은 중요한 것이며 나는 돈을 좋아한다고 솔직하게 표현한다. 얼마 전에 남편이 나에게 인터넷 커뮤니티에서 어떤 남성이 지나가던 학생을 도와주었는데 억울하게 성추행으로 신고당했다는 이야기를 해주었다. 그때 나는 남편에게 억울한 일이 생기면 무조건 나에게 제일 먼저 이야기하라고 했다.

전 재산을 털어서라도 국내에서 가장 좋은 변호사를 사서 억울함을 풀어주겠노라고 말했다. 내가 이렇게 당당하게 말할 수 있는 이유는 자산을 어느 정도 불렸고, 더 불릴 자신이 있었기 때문이다. 이처럼 돈은 언제 발생할지 모르는 억울한 상황을 해결해주는 우리 가족의 든든한 지원군이 되기도 한다.

돈에 대한 부정적인 무의식을 깨자 달라진 것들

내가 돈을 끌어당기는 것을 방해하던 무의식을 깨부수고 돈을 좋아한다고 솔직하게 표현하게 되자 내 자산이 빠르게 불어났다. '돈을 좋아해도 된다'라는 것을 스스로 인정하면서 거부감 없이 돈 공부를 해나갈 수 있었던 덕분이다.

20대 초반에 소설책이나 시집 등을 주로 읽는 여대 캠퍼스 안에서 로버트 기요사키의 《부자 아빠 가난한 아빠》 책을 꺼내 읽는 내가 부끄러웠다. 때문에 점점 경제서나 자기계발서와 멀어졌다. 하지만 돈 앞에 솔직해지고 난 후에는 당당하게 도서관에서 '부자', '돈', '투자'라는 제목이 들어간 책만 골라 빌려 보았다.

또한 기존에는 주 수입보다 더 벌기 위해서 노력하는 내 모습이 남들에게는 부자 되겠다고 아등바등하는 것처럼 보일까 봐 늘 두려웠다. 하지만 이제는 남들 눈치 보느라 소극적이었던 경제 활동도 적극적으로 임하고 있다.

물밀듯이 들어오던 과외도 '돈이 뭐라고 돈 벌려고 이렇게까지 일해야 해?'하면서 거절하곤 했는데, 현재는 돈 되는 일이면 우선 무슨 일이라도 시도한다. 덕분에 수입이 많은 달은 하루에 서너 시간 일하면서도 남편보다 더 번다.

자본주의 사회에서 살고 있으면서 '돈'은 중요하지 않다고 이야기하는 것은 모순이다. 자본주의 사회에서 '0순위'는 항상 '돈'이다. 돈이 있어야 인간의 기본 요소인 의식주를 해결할 수 있다. 반대로 돈이 없으면 우리 가족의 의식주를 해결할 수 없고, 결국 불행해진다.

때문에 내가 어릴 때 자주 들었던 "돈은 중요한 게 아니야"라는 어른들의 말은 틀렸다. 돈은 나의 기본적인 욕구를 해결하기 위해 반드시 필요한 것이며, 따라서 돈을 쫓는 일이 잘못된 것이거나 못난 행위가 절대로 아니다.

남들 앞에서 당당하게 "나는 돈이 좋아!"라고 이야기를 해본 적이 있는가? 이렇게 말해본 적이 없거나 말하면서도 불편하다면 아직도 '돈을 좋아하는 것은 안 좋은 거야'라는 무의식이 자리 잡고 있는 것이다.

지금까지 벌 만큼 벌었는데 이상하게 돈이 모이지 않는다면 자신이 돈을 어떻게 생각하고 있는지 고민해보는 시간을 가지는 것이 좋다. 돈에 대한 잘못된 무의식들을 깨부수고 돈과 긍정적인 관계를 쌓는다면 좀 더 빠르게 부자의 길로 들어설 수 있을 것이다.

물건 정리를 하면
돈이 모인다

최근에 "절약 이야기하면서 스타벅스 이야기하는 건 좀 아니지 않나?"라는 댓글이 달렸다. 나도 처음에 절약을 시작할 때 '돈을 아낀다는 사람이 명품 백을 들고 다니는 건 좀 아니지 않나?'라는 생각을 한 적이 있어 이 댓글에 공감했다.

절약이란?

절약 하면 어떤 것이 떠오르는가? 나는 '자린고비'라는 단어가 가장 먼저 떠오른다. 그래서 절약을 시작했을 때 처음에는 무작정 소비를 하지 않는 것에 집중했다. 소비 품목의 중요도와 만족도에 관계없이 모든 소비를 금지하려고 한 것이다.

이러한 극단적인 절약은 당연히 오래 지속하기 어려웠고, 삶의 만족도를 급격히 떨어뜨렸다. 그리고 절약 또한 남들과 경쟁하듯이 비교하며 남들만큼 절약하지 못하는 나 자신을 탓하곤 했다.

하지만 나는 절약과 돈 관리 그리고 행복에 대해 깊게 생각하며 점차 가치관이 많이 바뀌었다. 절약을 실천하며 통장 잔고는 두둑해졌지만 삶의 만족도가 떨어지기 시작하면서 내가 왜 절약을 하려고 하는지에 대해 다시 생각하게 되었다.

내가 절약하는 이유는 내가 필요하다고 생각하는 소비에 망설임없이 소비하기 위해서다. 아파서 병원에 가야 하는데 돈 아깝다고 버티는 것이 아니라 아플 때는 돈 걱정 없이 병원에 가기 위해서 절약을 한다.

그런데 의외로 자신이 어떤 소비를 했을 때 가장 만족하는지, 어떤 소비를 했을 때 만족도가 떨어지거나 후회하는지 모르는 경우가 대부분이다. 같은 돈을 소비하면서 소비만족도를 높이기 위해서는 내 소비 성향부터 파악해야 한다.

방 정리, 나를 아는 가장 쉬운 방법

자신의 소비 성향을 파악하는데 가장 효과적인 것이 바로 방 정리다. 그래서 반드시 절약을 실천하기 전에 방 정리부터 해야 한다. 나의 소비 성향을 파악할 때 지난 지출 내역이 도움이 되기도 하지만 지출 내역만으로는 한계가 있다. 왜냐하면 지출 내역을 보면서는 스스로 한없이 합리화하기 쉽기 때문이다. 하지만 방 정리를 해보면 꼭 필요한 소비였다고 합리화하던 품목도 달리 보이게 된다.

나는 결혼을 위해 작은 신혼집으로 짐을 옮기면서 친정집에 있던 내 물건을 반 이상 버렸다. 덕분에 물건 정리를 하면서 내가 쓸데없이 소비하던 품목들을 모두 파악할 수 있었다.

예를 들어, 나는 비싼 화장품을 산 후 공병이 될 때까지 쓴 적이 한 번도 없었다는 사실을 발견했다. 늘 새로운 것에 도전했다가 다시 원래 쓰던 제품으로 돌아오는 패턴을 반복했던 것이다.

또한 해외여행을 가서 친구들 선물을 잔뜩 사오고도 제대로 준 적이 별로 없어 서랍에 립밤 같은 자잘한 화장품이 잔뜩 있었다. 결국 유통기한이 지나 모두 버려야 했다. 액세서리는 사놓고 두 번도 사용하지 않는다는 사실도 발견했다. 인터넷 쇼핑몰에서 구매한 것 중에 배송 받아 입어본 후 조금이라도 마음에 안 드는 옷은 결국 단 한 번도 입지 않았다는 점도 발견했다.

마지막으로, 정말 좋아하는 인테리어 소품들도 사놓고 몇 개월만 지나면 이게 책상에 있었는지 없었는지도 인식하지 못한다는 사실을 발견했다. 그리고 내가 쓰다가 싫증난 모든 물건이 쓰레기가 된다는 사실도 인식하게 되었다. 이 모든 것은 방 정리를 해보기 전에는 몰랐던 사실이다.

이때 정리해서 버린 물건을 구매가로 계산하면 내 몇 개월 치 급여에 육박했다. 나는 몇 개월 치 급여를 큰 쓰레기봉투에 담아 모두 버렸던 것이다. 결국 나는 긴 시간에 걸쳐 돈을 쓰레기로 바꾼

셈이었다. 나는 더 이상 쓰레기가 될 물건을 돈 주고 사지 않겠다고 다짐했다.

방 정리를 하고 난 후에는 피드백이 중요하다. 자신의 안 좋은 소비 패턴을 발견했다면 그에 따른 추후 행동을 피드백으로 남겨두어야 한다. 예를 들어, 나는 비싼 화장품을 사놓고는 몇 번 쓰다가 결국은 쓰던 제품만 쓴다는 것을 파악하고는 이제는 욕심 부리지 말고 그냥 원래 쓰던 제품만 계속 쓰자고 결론을 내렸다.

또 해외여행 선물을 친구들에게 주지 못했다는 것을 알게 되고부터는 친구들 선물은 간식으로만 사온다. 간식은 사와서 시기를 놓쳐 못 준다고 해도 내가 먹으면 그만이기 때문이다. 이처럼 피드백을 노트에 기록해두면 같은 실수를 반복하지 않을 수 있어 쓸데없는 소비가 줄어든다.

필요 vs 욕구

방 정리를 해보면 정말 많은 물건을 '필요'에 의해서가 아니라 내 '욕구'를 채우기 위해서 소비했다는 사실을 발견하게 된다. 1년 내내 써도 다 못 쓸 화장품을 쟁여놓고 있거나, 1년 내내 돌려 입어도 절대 다 못 입을 많은 의류를 장롱에 쌓아두는 것이 대표적이다.

이렇게 내 욕구를 채우기 위해 조금씩 사모은 수많은 물건들이 수납장 속에 차곡차곡 쌓이다 보면 물건이 너무 많아 결국 자신이 어떤 물건을 가지고 있는지 파악하기가 어려워진다. 즉, 재고 파악이 어려워져 집에 있는 물건을 또 구매해서 쓸데없는 소비를 하게 되고, 있는 물건도 잘 찾지 못해 활용하지 못한다. 따라서 재고 관리가 편리하도록 최소한으로 필요한 물건만 남기고 정리하는 것이 좋다.

처음에는 필요와 욕구를 구분하는 것이 어렵다. 가장 쉬운 방법은 최근에 1년 안에 사용했는지 질문해보는 것이다. 나는 재킷을 좋아해 장롱 가득 재킷이 있었다. 그런데 평소에 과외 하러 다닐 때는 재킷이 불편해서 잘 입지 않아 사놓고 착용한 것이 별로 없었다. 재킷은 내 욕구였지만 필요는 아니었던 것이다. 나는 이 사실을 깨닫고 더 이상 재킷을 구매하지 않는다.

있는 물건을 또 사지 않으려면 이렇게 하라!

혼자 사는 연예인들이 출연하는 〈나 혼자 산다〉라는 예능 프로그램에서 한 연예인이 이사를 앞두고 집 정리를 하는데 서랍을 열 때마다 뜯지도 않은 면봉이 끝없이 나온다. 이처럼 있는 물건을 또 사는 소비는 필요한 소비도 아니고 내 욕구를 채워주는 소비도 아니다. 지나고 보면 정말 길바닥에 돈을 뿌린 것처럼 아까운 소비다.

따라서 있는 물건을 잘 파악할 수 있도록 방을 정리할 때 같은 품목끼리 모아두고 늘 재고 파악을 해두는 것이 좋다. 재고 파악이 용이하려면 뜯지 않은 새 제품을 한곳에 모아두는 것이 좋다. 그래서 우리 집에는 뜯지 않은 모든 생필품과 식재료 등을 담아두는 박스가 있다. 생필품이나 식재료가 떨어지면 1차로 그 박스를 확인하고 그 안에 없을 경우 확실히 떨어진 물건이므로 구입을 한다.

미니멀 라이프,
내 인생을 바꾸다!

    부자가 되는 것을 방해하는 대표적인 감정은 바로 시기심과 질투이다. 남을 시기하고 질투하는 감정은 나를 가난하게 만든다. 금수저 친구의 인스타그램은 소소한 금액이라도 절약하기 위해 매일 가계부를 쓰는 내 노력을 하찮게 느껴지게 만들고, 어떤 투자를 해서 몇 억을 벌었다는 직장 동료의 투자 성공담은 매일 예적금을 통해 성실히 저축하고 있는 나를 한심하게 만든다.

    돈을 모으고 부자 되는 과정에서 남과의 비교는 나의 멘탈과 자존감을 좀먹는다. 부자 되기 위해 남과 비교하지 않는 멘탈을 만드는 것은 매우 중요하다. 내가 남과의 비교를 완전히 내려놓고 강철멘탈이 된 계기는 바로 미니멀 라이프(minimal life)이다. 미니멀 라이프는 자존감을 높여주고 남이 아닌 내 인생에 집중할 수 있도록 도와주는 최고의 라이프 스타일이다.

미니멀 라이프란?

미니멀 라이프 하면 어떤 것이 떠오르는가? 아무것도 없는 방 안에 이불이나 책상 하나 딱 있는 이미지를 떠올리는 사람들이 많을 것이다. 나 또한 미니멀 라이프를 공부하고 직접 실천해보기 전에는 그냥 최소한의 물건으로 사는 것이 미니멀 라이프라고 생각했다.

하지만 내가 생각하고 받아들인 미니멀 라이프는 이와는 거리가 있다. 나는 미니멀리스트(minimalist)이지만 우리 집에는 여전히 물건이 많다. 늘 정리를 잘해두는 편이지만 물건 자체가 많기 때문에 누군가가 우리 집을 보고 미니멀리스트의 집이구나 짐작할 수는 없을 것이다.

그러나 나는 미니멀리스트이다. 미니멀리스트로서 나는 내게 필요한 물건만 소유하고 있고, 내가 어떤 물건을 소유할 때 행복하고 만족하는지 잘 알고 있다.

우리의 방 안에는 수많은 물건이 있다. 모두 내가 돈을 주고 산 것이다. 하지만 그중에 내가 진짜로 좋아하는 물건은 생각보다 많지 않다. 서랍을 정리하다 보면 '내가 이걸 왜 샀지?', '내가 이걸 언제 샀지?' 싶은 기억조차 나지 않는 물건들이 많이 나온다.

방 안에 내가 모르는 물건을 많이 소유하고 있는 사람들은 딱 그만큼 본인 스스로를 잘 모른다. 물건을 정리하면 나에 대해 잘 알게 된다. 내가 어떤 물건을 사놓고 잘 안 쓰는지, 내가 감정이 격할 때 어떤 소비를 많이 하는지, 어떤 옷은 사놓고 잘 안 입는지, 어떤 물건은 생각 없이 샀는데도 잘 쓰는지, 어느 정도 금액대의 물건을 샀을 때 가장 큰 만족을 느끼는지, 나를 행복하게 하는 것은 무엇인지, 내가 가진 물건들을 정리하며 버릴지 말지 결정하는 과정을 통해 스스로를 분석하게 되고, 자신이 진짜 좋아하는 것은 무엇인지 가치관이 확고해진다.

나는 나에 대해 알게 되고 가치관이 확고해지면서 남과 비교하는 습관이 사라졌다. 물건을 선택함에 있어서 남들의 시선이나 '이 정도는 하고 살아야지' 하는 대중적인 기준에서 벗어나게 되면서 소비만족도가 높아졌다. 어떤 물건을 사고 나서 친구가 괜찮다는 말을 해주지 않으면 소비만족도가 떨어지곤 했는데 이제는 이런 남의 평가에 의해 내 만족도가 떨어지는 일은 없다. 어떤 물건이나 서비스를 선택함에 있어 오직 '내 만족, 내 행복'에만 집중하게 되었기 때문이다. 내가 어떤 물건을 소비할 때 가장 만족하고 행복한지 확실히 알고 있기 때문에 실패하는 소비도 거의 없다.

미니멀 라이프를 통해 비로소 진짜 나를 만나다

나는 절약을 하기 전에는 남들만큼은 쓰고 살아야 하며 1년에 한 번 명품 백을 사고, 해외여행을 다녔다. 남들도 다 하니까 나도 해야지 하는 마음이 컸다. 하지만 물건 정리를 하면서 나는 비싼 명품 백을 사고 대부분 만족한 적이 없다는 사실을 알게 되었다.

나는 물건의 가성비에 따라 소비만족도가 결정되는 편이기 때문에 가끔 들게 되는 명품 백의 가성비가 매우 떨어진다고 생각했고, 딱히 남들 앞에서 과시용으로 명품 백을 들고 싶어 하는 성향도 아니었다. 그냥 결혼식에는 다들 명품 백을 들고 오니까, 남들도 취직하면 하나씩은 사니까 하는 단순한 이유로 구입했던 것이다.

해외여행도 이전에는 내가 좋아서 다니는 것이라고 생각했다. 그런데 미니멀 라이프를 실천하며 내가 진짜 좋아하는 것이 무엇인지 늘 깊게 고민하는 습관이 생기면서 내가 근거리 해외여행을 그다지 좋아하지 않는다는 사실을 알게 되었다. 우리나라와 완전히 문화가 다른 서양권 여행지는 좋아하는 편이지만 동양권의 경우 딱히 우리나라와 다르지 않다는 생각에 크게 만족하지 못했던 것이다.

오히려 근거리 해외여행보다는 국내여행이나 호캉스를 좋아한다. 미니멀 라이프를 실천하기 전에는 늘 대충 소비하고 나의 감정과 선호도에 관심이 없어서 몰랐던 사실이다.

나는 미니멀 라이프를 통해 나에 대해 알게 되면서 쓸데없는 소비를 하지 않게 되었다. 똑같이 생활비를 100만 원을 써도 이전보다 훨씬 만족도가 높아졌다. 예전에는 100만 원 중 괜히 썼다 싶은 후회되는 소비가 많았지만 현재는 100만 원 모두 내가 원하는 곳에 적절히 사용했다고 생각하기 때문이다.

사랑에 빠지면 사랑하는 상대방이 무엇을 좋아하는지, 어떤 것을 할 때 행복해하는지, 힘들 때는 어떤 말을 해주면 위로를 받는지 등등 나도 모르게 관심을 가지게 된다. 하지만 우리는 남에게 이렇게 관심을 쏟으면서도 정작 내가 무엇을 좋아하는지, 우울할 때 어떤 것을 하면 위로받는지, 즉 나에 대해서는 잘 모르는 경우가 태반이다. 믿기지 않겠지만 내 방 물건을 정리하는 것이야말로 나에 대해 알 수 있는 가장 쉬운 방법이다.

감정도 내게 필요한 것만 남겨라

그 외에도 미니멀 라이프의 장점은 너무나 많다. 우선 쓸데없는 소비가 줄어들었기 때문에 생활비가 줄어들었다. 또 물건이 줄어드니 물건을 정리하거나 관리하는데 많은 시간이 소요되지 않아 여가 시간이 늘어났다. 나는 이렇게 늘어난 여가 시간을 활용해 부수입을 만들었다.

스트레스가 줄어든다는 것도 큰 장점이다. 남과의 비교만 내려놓게 되는 게 아니라 어떤 일에도 크게 감정이 흔들리는 일이 거의 없다. 사고가 매우 단순해졌다. 예전의 나는 친구에게 조금만 서운한 소리를 들어도 며칠 동안 끙끙 앓는 예민하고 쪼잔한 사람이었다. 늘 그러고 싶지 않다고 생각했지만 마음처럼 되지 않아 안 좋은 감정들을 며칠씩 붙잡고 있는 편이었다.

하지만 현재는 안 좋은 감정이 올라오면 스스로에게 질문한다.

'이게 나에게 필요한 감정인가?' 감정도 물건처럼 '필요'와 '욕구'로 나누어 생각한다. 충동적인 욕구로 휘말릴 필요 없는 일도 감정적이 될 때가 있다.

그러나 안 좋은 상황을 해결하는데 감정은 아무 쓸모가 없고 내 육체적, 정신적 체력만 축낼 뿐이다. 필요 없는 감정은 가지고 있어 봤자 나에게 도움이 되지 않기 때문에 나는 안 좋은 감정들을 붙잡아두지 않고 흘려보낸다. 나에게 필요 없는 감정이라고 생각하면 부여잡고 있지 않게 되었다.

미니멀 라이프는 나의 인생을 바꿔주었다. 자존감을 높여주고 삶의 만족도를 높여주었다. 나는 미니멀 라이프 덕분에 매일 나를 행복하게 하는 선택을 하며 살아가고 있다.

3장

평생 써먹을 수 있는
현실적인 월급 관리법

돈이 잘 모이는 남다른 목표 설정 방법
돈은 모으고 싶지만 신용카드도 사용하고 싶어!
사회 초년생, 이것만 피해도 더 빨리 부자가 된다
통장, 어떻게 쪼개서 관리해야 할까?
편하게 부자 되는 부자 시스템이 있다
퇴사하고 싶다고? 내 월급의 가치를 평가하라!

돈이 잘 모이는
남다른 목표 설정 방법

생애주기표 작성의 함정

많은 재테크 전문가들이 재테크를 시작할 때 생애주기표를 작성하라고 추천한다. '생애주기표'란 결혼, 출산, 자녀교육, 자녀 결혼 등 살아가면서 일어날 주요 이벤트를 기록하고 그에 필요한 자금과 자금 조달 계획을 기록한 재테크 로드맵과 같다.

생애주기표는 10년 뒤, 20년 뒤, 30년 뒤에 얼마의 자산을 모을 수 있을지를 예상해봄으로써 현실을 직시해 자극받는 계기가 될 수 있고, 지출이 필요한 이벤트에 미리 대비할 수 있도록 하는 데 효과적이다.

나도 처음 재테크를 시작할 때 여러 책이나 인터넷 정보를 통해 생애주기표를 접하고 작성해보았다. 생애주기표를 작성해보니 나

생애주기표 예시

(단위: 만 원)

연도	2020년	2021년	2022년	2023년	2024년	2025년	2026년	2027년	2028년	2029년
나이	25세	26세	27세	28세	29세	30세	31세	32세	33세	34세
이벤트 (필요자금)	입사						결혼 (3,000)		출산 (1,000)	
저축액	2,000	2,000	2,000	2,000	2,000	2,000	2,000	2,000	1,000	1,000
자산	2,000	4,000	6,000	8,000	10,000	12,000	11,000	13,000	14,000	15,000

이가 들어갈수록 출산, 육아, 자녀교육, 부모님 노후 등 돈이 필요한 곳은 점점 늘어나는데 소득은 그만큼 증가하지 않기 때문에 시간이 지날수록 저축은 점점 줄어들었다. 그 당시 기록한 생애주기표에 따르면, 우리 부부의 자산은 20년 후에나 5억 원을 달성할 수 있었다.

결국, 아무리 악착같이 모아도 노후 대비는커녕 내 집 마련도 불가능하다는 결론만 얻었다. 소득이 늘어나지 않는 이상 아무리 저축률을 높게 잡아도 내 집 마련과 노후 대비를 할 수 없다는 생각에 '열심히 해봤자 소용없겠네'라는 패배감만 들었다. 아등바등 평생 아껴봐야 내가 그리던 안정된 삶은 이룰 수 없겠구나 싶어 의기소침해졌다. 동기를 부여할 자극제가 되리라 생각했던 생애주기표가 오히려 나를 꿈꿀 수 없게 만든 것이다.

100세 시대에 살고 있는 직장인이라면 굳이 생애주기표의 도움을 받지 않아도 돈을 버는 시기보다 은퇴한 후 소득 없이 지출만

할 날이 더 많다는 것은 누구나 잘 알고 있다. 단순 계산만 해봐도 60세에 은퇴해 90세까지 경제활동 없이 30년을 산다고 가정할 경우 은퇴 후 한 달 생활비 200만 원씩을 지출하려면 노후생활비만 200만 원×12개월×30년 = 7억 2,000만 원이 필요하다.

만약 월 급여가 200만 원인 직장인이라면 30세부터 60세까지 경제활동을 한다고 가정했을 때 단 한 푼의 월급도 쓰지 않고 모아야 겨우 노후생활비만 해결 가능하다는 계산이 나온다. 이렇게 대충 계산해봐도 엄청난 자산을 모아야 한다는 것을 쉽게 알 수 있는데 군이 생애주기표를 작성해 팍팍한 현실을 마주할 필요가 있을까? 토익 공부 할 때를 떠올려보자. 신발 사이즈로 시작한 토익 점수를 취업을 위해 900점까지 올려야 한다고 생각하면 시작도 하기 전에 까마득해 포기하고 싶어진다.

이럴 때는 900점을 받겠다는 목표를 세우고 장기 플랜을 짜는 것보다는 당장 한 달 안에 500점을 받겠다는 단기 목표에 집중하는 편이 목표 달성에 효과적이다.

현실을 마주하는 것도 중요하지만 재테크 의욕이 떨어진다면 그건 더 큰 문제가 된다고 생각해서 나는 작성했던 생애주기표를 모두 버렸다. 산술적으로 계산된 내 소득에 따른 자산의 한계를 마주하기보다는 허황될지라도 꾸준히 노력하면 내가 꿈꾸는 미래가 이루어질 것이라고 믿기로 했다.

재테크를 성공시키는 목표 설정 3단계 프로세스

생애주기표를 작성하고 나서 의욕 좌절을 경험한 나는 좌절하지 않고 오래 지속할 수 있는 '재테크 목표 설정 3단계 프로세스'를 정리했다. 목표 기간을 장기, 중기, 단기의 3단계로 나누어 성공률은 높이고 부담감은 줄여주었던 것이다.

기간별 재테크 목표 설정 예시

단계	1단계	2단계	3단계
기간	장기(10년 이상)	중기(3~5년)	단기(1년)
특징	드림보드 작성처럼 구체적인 금액 없이 목표를 시각화한다.	구체적인 목적에 따른 필요 금액을 목표로 정한다.	구체적인 금액을 목표로 월 저축액을 정한다.
목표	• 30대에 B브랜드 자동차를 일시불로 구매한다. • 40대에 한강이 보이는 아파트를 구입한다. • 노후에 노블카운티에 입주한다.	• 5년 안에 결혼자금 5,000만 원을 모은다. • 2년 안에 출산자금 2,000만 원을 모은다. • 4년 안에 자취용 전세보증금 3,000만 원을 모은다.	• 저축 목표 ①1년에 2,000만 원을 저축한다. ②매달 167만 원을 저축한다. • 수입 목표 앱테크과 블로그 운영으로 월수입을 15만 원 늘린다.

1단계: 장기 목표를 세워라

1단계에는 먼 미래에 대한 목표, 즉 장기 목표를 세운다. 내가 원하는 미래를 밑그림으로 그려보는 것이다. 밑그림이기에 구체적으로 이 그림을 물감으로 완성할지 색연필로 완성할지는 중요하지 않다. 따라서 1단계 목표를 이루기 위해 얼마가 필요한지. 구체적인 금액은 정할 필요가 없다는 것이다.

현실적으로 얼마가 있어야 목표를 이룰 수 있을지 계산하다 보면 내 급여로는 도저히 불가능하다고 생각해 재테크 의욕만 떨어뜨릴 뿐이다. 이 1단계 목표는 재테크를 포기하지 않고 지속하게 하는 힘이 되어야 한다. 그래서 '꿈'이라는 단어가 어울릴 정도로 스스로에게 희망이 될 만한 허무맹랑한 것을 목표로 삼아도 상관없다.

1단계 목표를 정했다면 반드시 함께해야 할 것이 있다. 바로 이 목표가 반드시 이루어질 것이라고 믿는 것이다. 나는 재테크를 시작할 때 서울에 30평대 신축 아파트, 노후에 병원비 걱정 없는 삶, 자식에게 내 집 마련은 못 해줘도 소소하게 용돈은 줄 수 있는 삶을 그렸다. 이 세 가지를 위해 얼마씩을 모아야 하는지 등의 구체적인 자금 계획은 세우지 않았다.

목적지만 정해두고 가는 길은 정해두지 않는 것과 같다. 산술적으로 계산해서는 절대 불가능한 목표지만 나는 현재 내 소득이나 통장 잔고와 관계없이 하루하루 내가 할 수 있는 최선을 다하면 이 1단계 목표가 반드시 이루어질 것이라 믿는다.

2단계: 중기 목표를 세워라

2단계에는 5년 이하의 중기 목표를 세운다. 1단계와 달리 2단계부터는 구체적인 금액을 목표로 정하는 것이 좋다. 5년 안에 결혼자금 5,000만 원 모으기. 2년 안에 출산자금 2,000만 원 모으기. 4년 안에 아이 등록금 모으기 등 중기적으로 이루고 싶은 구체적인 목표를 정한다.

또한 2단계의 목표는 실현 가능한 금액보다 조금 높게 잡는 편이 좋다. 예를 들어, 3년 안에 3,000만 원을 모을 수 있겠다고 예상되면 목표를 조금 높게 '3년 안에 3,500만 원 모으기'로 정한다.

"5년 동안 1억을 모았는데 허무해요. 지금까지 무엇을 위해서 이렇게 돈을 모았는지 모르겠어요"라고 하소연하는 분들이 많다. 분명한 목적 없이 최대한 많은 돈을 모으겠다는 생각만으로 돈을 모을 경우 많은 돈을 모으고도 허무할 수 있다.

따라서 목표를 세울 때 금액만을 목표로 정해서는 안 된다. '3년 안에 3,500만 원 모으기'라고 정하지 말고 '3년 안에 자취 자금 3,500만 원 모으기'와 같이 용도와 그에 따른 필요 금액을 목표로 정해야 한다.

3단계: 단기 목표를 세워라

3단계에는 1년간의 단기 목표를 세운다. 여기서는 목표를 저축 목표와 월수입 목표 두 가지로 나누어 세운다. 저축 목표의 경우 1년 목표 저축액을 정한 후 월 단위로 나누어 월별 목표 저축액을 설정한다. 즉, 1년에 2,000만 원 모으는 것이 목표라면 2,000만 원을 다시 월 단위로 나누어 한 달에 약 167만 원을 모아야 한다는 목표를 세우고 목표 달성을 위한 계획을 짠다. 만약 월에 150만 원씩 강제저축이 가능하다면 한 달에 17만 원을 더 저축하기 위한 전략을 따로 짠다.

수입을 늘리기 위한 수입 목표도 '이직하기', 'ㅇㅇㅇ 자격증 따기' 등 구체적으로 정한다. 또한 월별로는 '책 3권 이상 읽기', '설문조사 참여 5개 이상하기', '블로그 포스팅 주 3회 이상 하기' 등 수입을 늘리기 위해 할 수 있는 구체적인 행동을 목표로 정한다.

수입을 늘리는 것은 절약보다 훨씬 어렵고 빠른 성과를 기대하기 어렵다. 그래서 한 달 수입 목표를 '한 달 부수입 20만 원 달성' 과 같이 금액을 목표로 정하지 않는 것이 좋다. 수입 목표를 달마다 금액으로 정해둘 경우 목표 달성에 실패할 때 성취감이 떨어지고 결국 수입 늘리기를 아예 포기해버릴 수 있기 때문이다.

나는 이처럼 장기 목표는 다소 허황된 '꿈'으로 채우고, 단기로 갈수록 목표를 구체적으로 세우는 목표 설정 방법을 실천해 생애주기표를 작성했을 때 20년 뒤에나 달성 가능했던 자산 규모를 단 3년 만에 달성할 수 있었다. 만약 내가 생애주기표만 보면서 꿈꾸지 못했다면 절대로 달성하지 못했을 자산 규모다.

돈은 모으고 싶지만
신용카드도 사용하고 싶어!

마성의 신용카드

신용카드는 참 매력적이다. 각종 마케팅으로 다양한 할인과 서비스를 광고하며 사회 초년생들을 유혹한다. 그래서 없으면 왠지 나만 손해 볼 것만 같은 느낌마저 들게 만든다. 갓 취업한 사회 초년생들에게 프리미엄 신용카드는 취업 성공의 상징물로 여겨지기도 한다. 성인이 되었음을 증명이라도 하듯 입사 후 너도나도 신용카드부터 발급받는다.

안타깝다. 올바른 소비 습관이 자리 잡기 전에는 사회 초년생에게 신용카드는 독이나 다름없기 때문이다. 신용카드를 사용하면 웬만한 의지력이 아니고서야 소비가 늘어나는 것은 당연한 수순이다. 실제로 한 조사에 따르면, 신용카드 사용 시 소비가 20%나 증가한다고 한다.

그래서 사회 초년생이라면 적어도 1년은 신용카드를 만들지 않는 것이 좋다. '선 소비 후 저축'을 경험하기 전에 '선 저축 후 소비'를 먼저 실천하면서 올바른 소비 습관을 만드는 것이 좋기 때문이다. 예산에 맞춰 소비하는 올바른 소비 습관이 자리 잡은 뒤에 교통비나 통신비가 할인되는 신용카드를 만들면 생활비 절약에 효과적이다.

요즘에는 신용카드 가맹점 수수료율이 인하되면서 카드 혜택의 매력이 많이 떨어졌다. 매월 카드 혜택 1만~2만 원을 챙기려다 오히려 지출 규모만 늘어나기 십상이다. 지출 통제에 자신이 없다면 차라리 신용카드는 시작도 안 하는 것이 가장 좋다.

하지만 그럼에도 불구하고 신용카드의 혜택은 절대로 포기하지 못하겠다면 다음에 소개할 내용들을 활용해 혜택은 챙기고 지출 통제에는 방해받지 않도록 하자.

소비 통제를 방해하지 않는 신용카드 사용법 6가지

이미 신용카드의 '맛'을 알고 있는 사람들은 사용하던 신용카드를 해지하고 재테크를 시작하려고 하면 부담이 될 수 있다. 그래서 '돈은 모으고 싶지만 신용카드는 꼭 사용하고 싶어요!'라고 말하는 사람들을 위해 최대한 소비 통제를 방해하지 않는 '올바른 신용카드 사용법'을 대해 이야기해보려고 한다.

첫째, 쇼핑에 집중된 신용카드는 선택에서 배제하라

신용카드를 만들려는 목적을 잊어서는 안 된다. 우리는 물건을 더 싸게 사기 위해 신용카드를 만드는 것이 아니다. 물건을 더 싸게 '사기' 위해, 즉 쇼핑을 위해 신용카드를 만들어서는 안 된다. 물건을 살 때 할인받기 위해 신용카드를 개설하면 할인이 가능하다는 좋은 핑계로 신용카드를 더 열심히 긁게 되고 그만큼 카드값은 증가한다.

게다가 쇼핑에 집중된 카드의 경우 보통 한 곳에서 5만 원 이상 사용해야 할인이 되고, SPA 브랜드나 드러그스토어의 경우 쇼핑몰에 입점해 있는 매장은 할인이 안 되는 게 일반적이다. 즉, 할인 혜택이 있어도 활용도가 낮다는 말이다.

온라인 쇼핑몰 할인 혜택 카드도 마찬가지다. 최저가를 찾다 보면 정해져 있는 온라인 쇼핑몰 이외에 다른 곳에서 최저가가 나올 가능성이 크고 할인카드를 쓸 경우 각종 쿠폰이 안 먹힐 때도 많다.

이처럼 할인 조건이 까다롭고 복잡하다 보니 현실적으로 본인이 발급받은 카드의 쇼핑 할인 혜택을 꼼꼼하게 챙기기가 어렵다. 결국 할인받기 위해 발급받은 카드를 제대로 활용도 하지 못하는 경우가 허다하다.

때문에 신용카드를 꼭 써야겠다면 교통비, 통신비, 관리비 등 매달 나가는 고정비가 할인되는 카드를 고르는 것이 현명하다.

둘째, 단 하나의 신용카드만 사용하라

지출 구조가 여러 개로 쪼개지면 지출 통제가 어려워진다. 예를 들어, A카드 40만 원, B카드 40만 원, C카드 40만 원을 지출했다면 총지출은 120만 원이지만 카드를 사용할 때 카드사에서 보내주는 문자에는 총금액이 40만 원이기 때문에 단번에 총지출의 규모를 인식하기가 어렵다.

또한 각각 지출되는 카드 내역을 하나하나 챙겨서 가계부에 옮겨 적는 것이 매우 번거로워 돈 관리가 복잡하게 느껴져 흥미를 잃을 수 있다.

신용카드를 사용하고 싶다면 온 가족이 딱 한 장의 신용카드만 사용하는 것을 추천한다. 대부분의 신용카드가 가족 카드 발급이 가능하기 때문에 부부끼리 한 개의 신용카드를 함께 사용할 수 있다. 가족 카드의 경우 실물 카드는 여러 장이지만 지출 내역은 한 장의 카드처럼 총합으로 나오기 때문에 직관적으로 지금까지 지출이 얼마인지 한눈에 파악할 수 있다.

덕분에 남은 예산도 쉽게 파악이 가능하다. 또한 연말정산 때 카드 소득 공제 혜택을 꼼꼼하게 챙기기 위해서는 할인에 집중된 신용카드를 한 장만 쓰고 그 달 할인에 필요한 카드 실적 금액을 모두 채웠다면 나머지 지출은 체크카드를 사용하는 것이 좋다.

"나는 신용카드의 모든 혜택을 절대 포기할 수 없어요!"라고 생각하는 분들은 할인에 집중된 카드 한 장과 적립에 집중된 카드 한 장을 사용하면 된다. 이때 두 장의 카드 사용일은 꼭 똑같이 맞춰 놓아야 하고, 할인카드의 실적을 먼저 채우고 나서 나머지 생활비는 모두 적립에 집중된 카드로 사용하면 된다.

다만, 명심해야 할 것은 이렇게 신용카드를 두 장 사용하면 그만큼 지출이 늘어나는 것은 피할 수 없기 때문에 소비 통제가 어려운 사람에게는 추천하지 않는 방법이다.

셋째, 신용카드 결제일은 13일로 정하라

대부분 신용카드 결제일은 월급날에 맞춰 설정해두는 경우가 많다. 즉, 월급이 들어오는 당일이나 다음 날에 신용카드 결제금액이 통장에서 빠져나가도록 결제일을 맞춰두는 것이다. 하지만 나는 월급날과 관계없이 결제일을 12~15일로 해두는 것을 추천한다. 1일부터 말일까지 사용한 내역이 13일 정도에 결제되게 설정해두는 것이다.

더불어 가계부도 1일부터 말일까지를 한 달로 잡고 작성한다. 한 달의 기준이 1일이어야 직관적으로 카드 사용일이 며칠 남았는지 바로 알 수 있어 지출 관리가 편리해진다. 예를 들어, 오늘이 10일이라면 20일이 남았다는 것을 직관적으로 알 수 있어 남은 예산도 파악하기가 쉽다.

우리 집의 경우 남편 급여일이 20일이다. 20일에 월급이 들어오면 우선 월급을 이자가 붙는 통장에 잠시 대기시켜둔다. 이처럼 월급 통장을 매일 이자가 붙는 CMA 통장으로 관리하는 것도 좋은 방법이다.

그리고 다음 달 1일이 되면 잠시 파킹통장에 대기시켜두었던 월급으로 신용카드 대금을 미리 바로 출금 결제로 정산한다. 13일까지 기다리지 않고 1일부터 말일까지 한 달 동안 사용한 카드 대금을 다음 달 1일에 미리 출금하는 것이다.

이렇게 관리하는 이유는 1일에 통장 쪼개기를 통해 현금흐름을 완성해두기 위해서다. 1일부터 카드 대금이 나가는 13일까지 돈을 수중에 가지고 있다가 지출해버릴 수도 있기 때문에 1일에 카드대금을 미리 완납하고 남은 돈은 고정비 통장, 비고정비 통장, 예비비 통장에 나눠 이체한다.

넷째, 반드시 신용카드와 가계부를 병행하라

앞서 이야기한 대로 지출 구조가 여러 개로 쪼개지면 지출 관리가 허술해진다. 예를 들어, 신용카드 한 장, 체크카드 한 장, 현금 이렇게 세 가지로 지출 구조가 나뉘게 되면 수시로 지금까지 총 얼마를 썼는지 한눈에 파악하기가 쉽지 않다.

그래서 반드시 이 세 가지를 합쳐서 볼 수 있는 가계부를 병행해야 한다. 가계부 쓰는 습관이 없는 사람들은 가계부를 쓰는 것이 부담스럽게 느껴질 수 있다. 하지만 요즘에는 번거롭게 매일 내가 지출한 내용을 기록할 필요가 없다. 인증서와 연동되는 가계부 앱을 다운받으면 카드를 사용할 때마다 알아서 가계부를 써주기 때문이다.

신용카드와 체크카드의 결제금액뿐만 아니라 계좌 이체 내역까지 모두 한곳에 기록해주기 때문에 매일 들어가서 세부 내용과 카테고리만 수정해주면 된다. 단, 현금 사용액이나 지역상품권 지출 내역은 본인이 직접 기록해야 하고, 하루 이틀만 밀려도 지출 내역을 누락하는 경우가 발생하기 때문에 매일 가계부를 관리하는 것이 중요하다.

앱 가계부를 사용하면 따로 계산하지 않아도 여러 지출 구조로 소비한 소비 총액을 수시로 확인 가능해 소비 통제에 효과적이다. 구매하고 싶은 물건을 발견했을 때 핸드폰으로 바로 가계부를 열어 남은 예산 상황에 따라 구매를 결정할 수 있어 소비 통제가 어려운 신용카드의 단점을 보완할 수 있다.

다섯째, 할부와 리볼빙 서비스는 절대 이용하지 마라

신용카드 사용액은 빚이다. 요번 달에 사용한 금액이 다음 달에 결제되는 시스템이기 때문에 미래의 나에게 돈을 빌려 쓰는 개념이다. 그 말인즉슨 내가 몇 주 뒤에 백수가 된다면 신용카드 사용액은 그대로 부채로 남을 수 있다는 것이다.

그래서 경계심 없이 신용카드를 《해리포터》에 나오는 마법 지팡이처럼 무분별하게 사용했다가는 감당할 수 없는 부채를 떠안게 될 가능성이 크다. 특히, 신용카드 서비스 중 가장 위험한 서비스 두 가지는 '무이자 할부'와 '리볼빙 서비스'이다.

무이자 할부 서비스는 흔하게 사용되어 어떤 서비스인지 모르는 사람이 없지만 리볼빙 서비스는 생소할 수 있다. 리볼빙이란 신용카드 결제일에 최소의 금액만을 결제하고 나머지 대금은 대출로 전환할 수 있는 서비스이다. 얼마나 달콤한가. 사용한 카드값의 10%만 결제하면 나머지 90%는 카드사에서 대출해줄 테니 나중에 갚아도 된다는 소리다.

하지만 이때 지불해야 하는 이자는 무려 15~24%에 육박한다. 게다가 제2금융권인 카드사에서 대출을 받으면 신용등급도 떨어진다. '소액 대출이니까 상관없지'라는 무신경한 태도로 리볼빙 서비스를 이용했다가는 계속 늘어나는 소비에 점차 원금 상환도 어려워지고 대출이 늘어날 것이 자명하다. 카드론이나 리볼빙 서비스를 이용하는 것은 카드사의 호구가 되겠다는 것이나 다름없다.

여섯째, 나에게 맞는 신용카드를 선택하라

나에게 맞는 신용카드를 선택하는 팁은 최근 한 달 치 가계부를 보고 자신의 지출 루틴을 확인해서 가장 잘 맞는 카드를 고르는 것이다. 생각만 해도 복잡하게 느껴지지만 다행히 요즘에는 가계부 앱만 깔면 알아서 분석해 자신에게 맞는 카드를 추천해준다. 내가 추천하는 가계부 앱은 '뱅크샐러드'와 '편한가계부'이다.

추천해주는 카드 중에서도 쇼핑에 집중된 카드는 제외시키고 교통비, 주유비, 관리비, 통신비 등 고정비가 할인되는 카드 위주로 살펴보는 것이 좋다. 쇼핑에 집중된 카드는 카드 혜택을 챙기려다가 오히려 소비만 늘어날 가능성이 다분하기 때문에 매월 숨만 쉬어도 나가는 고정비가 할인되는 카드를 고르는 것이 좋다.

여기서 주의할 점은 할인 혜택이 들어가는 카드 내역은 실적 금액에 포함되지 않는다는 것이다. 즉, 전달 카드 사용액이 30만 원이상 시 통신비가 할인되는 카드를 사용하고 있을 경우 할인 받는 통신비는 실적 금액에 포함되지 않기 때문에 통신비를 제외한 카드 사용액이 30만 원 이상이어야 다음 달에 할인 혜택을 받을 수있다.

사회 초년생,
이것만 피해도
더 빨리 부자가 된다

　내 남편은 물욕이 없다. 시부모님이 말씀하시길 학생 때 아들 방에 들어가 보면 돈이 방바닥이나 책상에 아무렇게나 굴러다니고 있었다고 한다. 그런데 남편은 회사에 입사하고 몇 년 후 놀랍게도 자신이 회사 동기 중에 저축을 많이 한 편에 속한다는 사실을 알게 되었다고 했다. 회사 동료들은 돈에 별로 관심도 없어 보이고 크게 절약하는 것처럼 보이지도 않는 남편이 많은 종잣돈을 모았다고 하니 다들 비결이 무엇인지 궁금해했다.

　의외로 조금만 주위를 둘러보면 내 남편처럼 돈이나 재테크에 크게 관심이 없는데도 불구하고 종잣돈을 많이 모은 사람을 쉽게 발견할 수 있다. 특별히 투자를 하는 것도 아니고 오직 예적금으로만 돈을 모으고 대단히 유별나게 절약을 하는 것처럼 보이지 않는데도 말이다. 이들은 어떻게 크게 신경 쓰지 않고도 이처럼 큰돈을 모았을까?

돈에 대한 지식이 별로 없음에도 돈을 잘 모으는 사람들에게는 공통점이 있다. 그들은 사회 초년생이 관심 가지는 것 중 몇 가지를 하지 않음으로써 남들보다 쉽게 돈을 모은다. 남들보다 돈을 쉽게 모으는 사회 초년생들이 하지 않는 일곱 가지 라이프 스타일에 대해 이야기해보려고 한다.

사회 초년생을 부자로 만드는 라이프 스타일 7가지

1. 신용카드를 쓰지 않는다
2. 마이너스 통장을 만들지 않는다
3. 차를 구입하지 않는다
4. 되도록 자취를 하지 않는다
5. 지인에게 돈을 빌려주지 않는다
6. 부담이 되는 고급 취미생활을 하지 않는다
7. 보험, 꼭 필요한 것만 최소한으로 가입한다

신용카드를 쓰지 않는다

사회 초년생은 신용카드에 대해 막연한 로망이 있다. 나 또한 20대

초반에 "대학 졸업하면 신용카드를 꼭 만들 거야!"라는 말을 입에 달고 살았다. 신용카드를 발급받는다는 행위 자체가 어른의 상징처럼 느껴졌기 때문이다.

특히, 디자인도 예쁘고 남다른 회비를 자랑하는 프리미엄 카드는 발급받아 소지하고 다니는 것만으로도 취업에 성공한 나를 증명해주는 것처럼 느껴지기도 한다.

하지만 올바른 소비 패턴이 자리 잡히지 않은 상태에서 신용카드부터 발급받으면 종잣돈을 모으기가 어렵다. 신용카드는 할부 기능뿐만 아니라 카드 한도가 생활비보다 높은 편이기 때문에 소비 통제를 위해서는 높은 의지력을 필요로 하므로 소비가 늘어날 수밖에 없다.

그에 비해 체크카드는 따로 가계부를 작성하지 않아도 수시로 통장 잔액만 확인하면 직관적으로 다음 생활비가 들어올 때까지 남은 잔액으로 버티는 방법을 궁리하게 된다. 돈이 떨어지면 쓸 돈이 없어 돈을 못 쓰기 때문에 따로 통제하려고 노력하지 않아도 알아서 통제가 된다.

게다가 신용카드는 돈 관리를 복잡하게 만드는 주범이다. 월급이 들어온 뒤 저축하고 남은 돈으로 생활하면 돈 관리가 심플해진다. 반면 신용카드는 1일부터 말일까지 사용한 금액이 다음 달 중순에 나가는 시스템이다. 즉, 현재 사용한 돈이 바로 이체되지 않다 보니 현금 사용액과 신용카드 사용액이 뒤엉켜 돈 관리가 복잡하고 어려워진다.

마이너스 통장을 만들지 않는다

요즘에는 모바일뱅크 때문에 핸드폰만 있으면 마이너스 통장 개설이 쉽게 가능하다. 모든 대출이 위험하지만 마이너스 통장이 가장 문제가 되는 것은 한 번 개설해두면 절차 없이 쉽게 돈을 꺼내 쓸 수 있기 때문에 마치 내 돈처럼 느껴진다는 점이다. 그래서 마이너스 통장은 많은 사람들에게 믿는 구석이 된다.

내가 아는 지인 G는 아이가 둘 있는 신혼부부다. 지금은 두 아이를 돌보기 위해 아내가 직장을 그만두었지만 예전에는 고소득자 맞벌이 부부였다. 이들 부부는 아내가 퇴직하고도 예전의 소비 생활을 포기하지 못해 매달 생활비에 적자가 났다.

그래서 월급보다 많은 신용카드 이용 금액을 납부하기 위해 대출을 알아보다가 마이너스 통장을 개설하게 되었다. 그 후 부부는 매달 생기는 적자를 마이너스 통장으로 계속 메꾸다가 성과금이 들어오면 마이너스 통장을 채우는 패턴을 매번 반복했다. 마이너스 통장이 이 부부의 믿는 구석이 되어 소비가 줄기는커녕 계속해서 증가했다.

간혹 높은 한도의 마이너스 통장을 뚫었다고 자랑하는 지인들이 있다. 마이너스 통장은 내 비상금 통장이 아니라 은행 빚임을 절대 잊어서는 안 된다. 어떤 일이 있어도 마이너스 통장은 개설하지 않는 것이 좋다. 차라리 대출을 받아 관리하는 것이 훨씬 소비 관리에 효과적이다.

차를 구입하지 않는다

사회 초년생이 자기 소유의 차를 끌기 시작하면 돈을 모으기가 어렵다. 차를 구매하기 전에는 한 달 기름값 정도만 지출할 것으로 예상하지만 실상은 매년 나가는 보험료에 차와 함께 움직일 때 드는 주차비, 엔진오일 등 차량 유지비뿐만 아니라 예기치 못한 차 사고가 나면 차 수리비까지, 생각지도 못한 지출이 크게 발생한다. 게다가 매년 자동차의 가치가 하락하는 감가상각까지 고려하면 매달 적어도 50만 원 이상 지출되는 꼴이다.

감가상각을 포함한 금액이긴 하지만 매달 고정비가 50만 원씩 지출된다는 것은 여간 부담스러운 게 아니다.

요즘에는 앱 차량 공유 서비스가 정말 편리하기 때문에 서울에 살고 있다면 꼭 자기 자동차가 필요하지는 않다. 교통이 불편한 곳에 가야 할 때는 차량 대여 서비스를 이용하고, 급할 때는 가끔 택시를 이용하는 편이 차를 구입하는 것보다 훨씬 경제적이고 편리하다.

또 가끔 대중교통으로는 회사 다니기가 너무 멀다는 이유로 매달 주차비와 기름값으로 고비용을 지출하며 차를 끌고 출퇴근하는 경우가 있다. 이런 경우라면 차라리 회사 근처에서 자취하는 것을 고려하는 편이 좋다. 매일 교통체증을 뚫고 출퇴근하는 시간을 절약하고 체력도 아낄 수 있어 좀 더 생산적인 일에 에너지를 쏟을 수 있기 때문이다.

되도록 자취를 하지 않는다

본가와 직장이 거리가 있는 경우는 어쩔 수 없지만 출퇴근에 전혀 불편함이 없음에도 자취를 하는 경우가 많다. 유튜브에서 혼자 사는 자취생들의 브이로그가 유행하면서 자취가 사회 초년생들의 또 다른 로망이 되었다.

하지만 자취를 하면 월세부터 관리비, 통신비, 생필품 등 매달 고정적으로 지출되는 고정비가 크게 늘어 저축률이 현저하게 줄어들게 된다. 서울의 경우 월세만 최소한 1년에 600만 원 이상 지출되고, 만약 여기에 차까지 가지고 있다면 매년 1,000만 원은 쉽게 공중으로 날아간다고 보면 된다.

만약 정 자취를 하고 싶다면 우선 전세금을 모으는 것을 목표로 계획을 세우는 편이 좋다. 요즘 서울 전셋값이 비싸 전세금을 모두 모아 자취를 시작하기는 어렵겠지만 '종잣돈 5,000만 원 달성하면 자취하기'와 같은 구체적인 목표를 세우면 동기부여도 되고 목표 달성 시 원하는 것을 실행해 성취감도 얻을 수 있다.

지인에게 돈을 빌려주지 않는다

회사를 다니다 보면 직장 동료나 오래된 친구가 정말 특별한 사정이 있다고 돈을 빌려달라고 하는 일이 생긴다. 고소득자일수록 이런 경험이 많다. 사정을 들어보면 딱하기도 하고, 오래된 인정으로 '조금은 괜찮겠지' 하며 빌려주는 경우가 많다. 하지만 꼭 기억해야 할 것은 친구나 지인에게 돈을 빌려주게 되면 돈만 잃는 것이 아니라 친구도 잃을 수 있다는 것이다.

또한 돈을 빌려주고 나면 돈을 빌려준 사람이 갑이 아닌 을이 된다. 돈 빌린 사람은 연락도 없고 빌려준 사람만 연락하게 된다. 그래서 사회생활을 시작하면 '친구나 지인에게 돈을 빌려주지 않는다'라는 자신만의 확고한 원칙을 가지고 있는 것이 좋다.

친구에게 돈을 빌려주는 것이 재테크와 무슨 상관인가 싶겠지만 사회 초년생이라면 더더욱 돈에 대해 부정적인 경험을 가지지 않는 것이 무엇보다 중요하다. 한 번 돈에 대해 부정적인 경험을 하고 나면 '나는 돈복이 없어'라든가 '나는 돈을 쉽게 잃어'라는 부정적 프레임 안에 갇힐 수도 있기 때문이다. 돈복이 없다는 생각이 잠재의식에 자리 잡으면 계속해서 돈을 잃게 되는 일이 따라올 수 있다. 그렇기 때문에 돈을 잃은 경험은 될 수 있으면 피하는 것이 좋다.

돈을 빌려달라는 부탁을 쉽게 거절하는 방법이 있다. 가족이 내 돈을 관리하고 있다고 핑계를 대는 것이다. "아내가 돈을 관리하고 있어서 아내와 상의해봐야 한다"라든가 "내가 돈 관리를 잘 못해서 부모님이 월급을 다 관리하고 계셔서 돈이 없어"와 같이 내 돈의 결정권자가 나 아닌 가족에게 있다고 이야기하는 것이다.

이 멘트 앞에 "나는 빌려주고 싶지만"이라는 말까지 붙이면 완벽하다. 이렇게 하면 친구와의 관계가 어색해지지도 않고 같은 부탁을 또 받는 일도 없을 것이다.

부담이 되는 고급 취미생활을 하지 않는다

돈이 많이 드는 고급 취미생활이 무서운 이유는 취미생활에 필요한 장비나 물건들을 사모으다 보면 그 물건을 보관할 큰 집을 필요로 하게 되거나 그 장비들을 들고 나를 큰 차를 원하게 되기 때문이다. 도미노처럼 소비가 소비를 부르게 된다.

내 지인 H는 온갖 취미생활을 즐기는 것을 좋아한다. 날씨 좋은 날에는 각종 캠핑 장비를 챙겨 여자 친구와 캠핑을 가고, 주말에는 1,000만 원이 넘는 고가의 자전거를 끌고 동호회 사람들과 라이딩을 한다. 평일에는 실내 골프장에서 개인 코칭을 받으며 운동을 즐긴다.

이 친구는 1,000만 원짜리 자전거를 구입하고 나서 외부에 자전거를 보관하는 것이 불안해졌다. 그래서 자전거에게 방 한 칸을 내주다 보니 집이 좁아져서 다음번에는 평수가 더 큰 전셋집을 구해야겠다고 다짐했다. 캠핑을 시작한 지 몇 년이 지나자 캠핑 장비가 많아져 자동차가 작게 느껴졌다. 이왕이면 차박까지 가능한 자동차를 유튜브로 찾아보며 멀쩡한 차를 바꿀 궁리 중이다.

돈을 모으겠다고 취미생활을 아예 모두 포기하자는 것이 아니다. 다만, 고급 취미생활을 즐기더라도 한 달 예산을 분명하게 정해두고 계획적인 소비를 해야 나중에 후회가 없다.

꼭 돈이 많이 드는 취미생활만 우리의 삶을 윤택하게 해주는 것은 아니다. 돈이 들지 않고 나를 행복하게 해주는 행위나 취미에 대해 꼭 한 번 생각해보는 시간을 가지길 추천한다.

최근 코로나19 때문에 해외여행이 어려워졌다고 불만인 사람들이 많다. 하지만 꼭 고가의 해외여행을 가거나 고가의 취미 장비를 쟁여야만 행복이 따라오는 것은 아니다. 나 또한 여행을 좋아해 해마다 1회 이상은 꼭 해외여행을 가는 편이다. 저축을 위해서는 내킬 때마다 해외여행을 갈 수는 없기 때문에 평소에는 국내 여행을 자주 다녔는데 몇 년 전 속초 여행을 하다가 문득 그런 생각이 들었다. '해외여행이나 국내 여행이나 만족도는 똑같은데?' 생각해보니 국내 여행이라고 여행의 만족도가 떨어지는 게 아니었다. 반대로 몇 배로 비용이 많이 드는 해외여행이라고 만족도가 더 큰 것도 아니었다. 사람마다 여행을 가는 목적과 얻는 기쁨이 모두 다르겠지만 우리 부부에게 여행은 '평범한 일상을 벗어난다'는 의미가 가장 컸다. 때문에 국내든 해외든 상관없었던 것이다.

우리 부부는 그 이후로 주말마다 여행하듯이 서울 곳곳을 다녔다. 가까운 근교 여행지도 찾아서 드라이브도 자주 다니는 편이다. 이렇게 하자 해외여행에 대한 욕구가 예전보다 현저하게 줄어들었다. 이처럼 나만의 고급 취미생활을 대체할 수 있는 방법을 고민해보는 것을 추천한다.

보험, 꼭 필요한 것만 최소한으로 가입한다

월급의 10% 정도는 보험을 가입해두어야 한다는 이야기를 들어본 적 있을 것이다. 인터넷에서 재무설계사들이 일반인의 월급 관리에 대해 조언해주는 칼럼들을 보면 이 문장이 빠지지 않고 등장

한다. 나는 이 문장 자체가 보험사의 마케팅의 일환이라고 생각한다. 재무설계사들이 일반적으로 월급의 10% 규모의 보험을 가입하는 것이 적당하다고 이야기하는 이유는 무엇일까?

대부분의 재무설계사는 무료로 재무 상담을 해주는 경우가 많다. 아무런 이득도 없는데 모르는 사람들의 재무 상담을 해주는 것 자체가 이상하다는 의심을 해본 적이 없는가? 재무설계사의 주 수입은 보험 가입 수수료다. 무료 재무 상담을 통해 상담자에게 자연스럽게 보험 가입을 유도해 수익을 내는 것이다. 이와 같은 이해관계로 인해 '보험 규모는 월급의 10%'라는 흔한 말이 재테크 공식처럼 자리 잡았다.

사회 초년생의 경우 회사에만 입사하면 월급 관리에 보험이 필수라고 생각해 무조건 보험 가입부터 알아보는 경우가 흔하다. 하지만 결론부터 이야기하자면 보험 가입은 필수가 아닌 선택이다.

보험이란 무엇인가? 보험은 미래에 나에게 닥칠 위험을 대비해 여러 사람이 십시일반으로 돈을 모아서 관리하는 계모임이나 다름없다. 이 모임에는 규칙이 있는데 모두가 매달 돈을 내지만 그중에 아픈 사람에게만 돈을 몰아준다. 당신이 만약 병원비가 무섭지 않을 만큼 부자라고 생각해보자. 불확실한 위험을 대비하기 위해서 굳이 이 모임에 참여하겠는가?

우리 부모님은 보험 가입을 전혀 하지 않으셨다. 나는 자연스럽게 스스로 대비가 가능하다면 굳이 보험은 필요하지 않다는 부모님의 신념을 이어받았다. 나는 결혼했을 때 남편의 보험부터 점검

했다. 친인척을 통해 가입한 남편의 보험 중에 우리 부부에게 필요하지 않은 고액의 변액종신보험이 가입되어 있어 해지했다.

사회 초년생이 되면 직접 보험에 가입하지 않아도 자연스럽게 가입하게 되는 보험이 있다. 바로 국민건강보험이다. 매년 연말이면 국민건강보험료가 인상된다는 기사가 보도되어 다들 울상을 짓지만 사실 그와 함께 매년 국민건강보험의 보장 범위도 늘어나고 있다. 실제로 국민건강보험 중증질환 산정특례 제도로 암, 뇌혈관질환, 심장질환의 외래비와 입원비의 본인부담률이 기존 20~60%에서 5%로 파격적으로 인하되었다. 따라서 이전보다 중증질환의 본인부담금의 부담이 적어지면서 일반 보험의 필요성이 상대적으로 줄어들었다.

보험은 어릴 때 가입할수록 유리한 것은 맞다. 하지만 저축 형태의 보험은 절대로 가입하지 말자. 보험사 운용 수수료는 펀드 수수료보다 비싼 경우가 흔하고, 수익률도 낮은 편이기 때문이다. 사회 초년생이라면 가족력을 고려해 나중에 낸 보험료의 일부를 돌려받지 않는 순수 보장성 보험을 가입하는 것을 추천한다. 순수 보장성 보험은 만기 환급형 보험보다 저렴하기 때문이다. 또한 병원에 자주 간다면 보험사의 최대 적자 상품인 실손의료보험은 가입하는 것도 좋다.

통장, 어떻게 쪼개서
관리해야 할까?

재테크에 대해 조금만 검색해봐도 '통장 쪼개기'라는 단어를 쉽게 접할 수 있다. 도대체 통장 쪼개기가 뭐기에 이렇게 다들 강조를 하는지 궁금해서 나도 꼼꼼히 알아보았다. 하지만 막상 알아보니 번거롭기만 하고 굳이 꼭 필요하다는 생각이 들지 않아 처음에는 그냥 남편 월급 통장 하나로 돈 관리를 했다.

문제는 첫 달에 바로 발생했다. 온갖 공과금과 카드값이 다 다른 날에 나가다 보니 툭하면 월급 통장 잔액이 '0'원이 되고 각종 공과금이나 통신비가 연체되기도 했다. 남편 통장으로 돈 관리를 하다 보니 내가 수시로 들여다보지 못한다는 점도 한몫했다.

그래서 그 이후 남편과 함께 각자의 공과금 이체 날짜와 금액을 공유해 한 번에 정리하고 통장 쪼개기를 했다. 처음에 정리할 때는 공과금의 날짜를 모두 월급이 들어오는 주로 바꾸고 월급 통장에서 비상금 통장, 생활비 통장 등으로 자동이체를 걸어두는 것이 번거로웠다. 하지만 한 번 정리해두고 나니까, 그 이후로는 딱히 신경쓰지 않아도 한 달의 현금흐름이 단번에 파악되어 돈 관리가 쉬워졌다.

4개의 통장으로 쪼개라

통장 쪼개기 방법은 정말로 다양하다. 나는 몇 년 동안 여러 가지 방법들을 시도하다 작년에야 지금의 방법으로 정착했다. 체크카드를 쓰는지, 신용카드를 쓰는지. 예적금으로만 종잣돈을 모으는지, 여러 가지 다양하게 투자하고 있는지에 따라 통장 쪼개기 방법은 달라져야 한다. 여기서는 가장 일반적인 통장 쪼개기 방법을 소개하려고 한다. 이 방법을 참고해 자신만의 통장 쪼개기 방법을 찾길 바란다.

요즘에는 통장을 여러 개 만드는 것도 쉽지 않기 때문에 최소한의 통장으로 통장 쪼개기를 하는 편이 좋다. 내가 추천하는 방법은 월급/고정비 통장, 비고정비(생활비) 통장, 비상금 통장, 예비비 통장 이렇게 통장을 네 개로 쪼개는 것이다.

우선 월급이 월급 통장에 들어오면 바로 적금, 펀드 등 각종 투자 통장으로 이체되도록 자동이체를 걸어둔다. 그리고 월급 통장에서 한 달 동안 나가는 고정비를 남겨두고, 생활비는 생활비 통장에, 예비비는 예비비 통장에 이체되도록 자동이체를 걸어둔다. 자동이체는 모두 인터넷뱅킹을 이용해서 자신이 원하는 금액과 통장을 설정해 걸어둘 수 있다. 다만, 은행이나 통장에 따라 자동이체를 걸어둘 경우 이체 수수료가 발생할 수 있으니 확인해봐야 한다.

이렇게 월급이 들어온 후 한 번 돈이 각각의 통장으로 이체되고 나면 생활비 통장에 체크카드를 연동해 통장 잔액만 확인하며 한 달 소비를 조절하면 된다.

이 방법을 여러 가지로 변형해서 자신만의 통장 쪼개기 방법을 만들면 되는데 여기서 가장 중요한 것은 비고정지출 통장과 고정지출 통장을 분리하는 것이다. 한 통장으로 비고정지출과 고정지출을 관리할 경우 말일에 핸드폰비 나갈 돈을 중순에 미리 생활비로 모두 소진해버릴 수가 있어 돈 관리가 제대로 되지 않는다. 따라서 고정지출 통장과 비고정지출 통장을 분리해 인출되는 날짜가 모두 다른 고정비를 생활비로 지출하지 않도록 따로 빼두어야 한다.

비상금 통장과 예비비 통장을 분리하면 좋은 이유

다음으로 통장 쪼개기에서 내가 중요하게 생각하는 것은 예비비 통장과 비상금 통장을 분리하는 것이다. 보통은 예비비 통장과 비상금 통장을 같은 의미로 쓰거나 하나의 통장으로 관리하는 경우가 많다. 하지만 나는 이 두 가지를 분리해서 관리하는 것을 추천한다.

비상금 통장, 비상 상황을 막아주고 투자 기회를 살려준다

비상금 통장은 말 그대로 비상 상황을 대비한 통장이다. 예를 들어, 갑자기 직장을 잃어 소득이 없는 동안 쓸 생활비가 필요할 때, 사고로 인해 크게 다쳐 병원비가 필요할 때, 또는 갑자기 이사를 가야 하거나 할 때 등 예상치 못한 지출에 대비하기 위한 돈이다.

돈을 모두 예적금으로 묶어놓았거나 버는 족족 대출 상환을 할 경우 비상 상황이 닥쳤을 때 유동자금이 없어 곤란할 수 있다. 때문에 언제든지 꺼내 쓸 수 있는 유동자금으로 적어도 생활비의 1~3배를 비상금으로 관리하고 있어야 한다.

또한 비상금이 꼭 비상 상황에만 쓰이는 것은 아니다. 최근 코로나19로 인해 주가가 급락했을 때 내 지인들은 비상금을 활용해 주식을 샀다. 이처럼 미리 유동자금으로 관리하고 있는 돈이 있어야 투자 기회가 있을 때 잡을 수 있다.

나도 처음 재테크를 시작할 때 대출을 빨리 갚아 매달 나가는 이자를 줄이는 것이 유리하다고 생각해 비상금을 마련해두지 않았다. 그래서 버는 족족 바로바로 대출 상환을 해 항상 통장에는 생활비 이외에 여유자금이 전혀 없었다.

그런데 내 집 마련을 하려고 부동산을 돌아다니다 보니 급매로 나온 좋은 매물이 있어도 단돈 100만 원이 없어 가계약금을 걸어두지 못하는 상황이 발생했다. 그 이후 나는 비상금의 중요성을 깨닫고 항상 한 달 생활비만큼의 돈을 바로 꺼내 쓸 수 있는 파킹통장에 넣어두고 있다.

예비비 통장, 돈에 대한 스트레스를 줄인다

비상금 통장은 많이 들어봤을 테지만 예비비 통장의 경우 생소한 사람들이 꽤 많을 것이다. 예비비는 '소비를 위한 비상금'이라고 생각하면 쉽다. 평소에 가계부 쓰는 습관이 잘 잡혀 있는 사람일지라도 가계부 쓰기가 꺼려지는 달이 있다.

그것은 바로 명절이나 봄가을 결혼철이다. 평소에 혼신을 다해 절약하며 생활비를 아껴 쓰고 있는데 내 의지와는 상관없이 지출해야만 하는 경조사비 폭탄을 마주하고 나면 '내가 아껴서 뭐 하나 경조사비 많이 나가는 달은 지출이 폭발하는데……' 싶으면서 의욕이 사라지고 허무해진다.

경조사비뿐만 아니라 휴가철 여행을 다녀온 달도 마찬가지로 가계부가 꼴도 보기 싫어진다. 써보지 않아도 지출이 크게 늘어난 것이 분명하기 때문에 현실을 마주하고 싶지 않은 마음이 들어서다.

이처럼 상황에 떠밀려 지출해야 하는 상황이 오거나 겨울 의복비나 여행비 등 계절성 지출이 있는 경우 평소보다 지출이 늘어나 가계부 쓰는 것이 스트레스가 될 수 있다.

나는 이를 방지하기 위해 소비를 위한 비상금인 예비비 통장을 따로 만들기로 결정했다. 한 해 한두 번 있는 이벤트성 지출비용이나 경조사비 등을 방어하기 위해 따로 예산을 잡아 돈을 빼두고 관리하기로 한 것이다.

원래 비상금으로 관리하고 있던 300만 원 중 100만 원을 예비비 통장으로 옮기고 평소에 지출하던 비고정지출 예산 중 10만 원을 예비비 통장에 매달 이체했다. 여행비나 겨울 의복비 등으로 소비할 돈을 기존 예산에서 미리 떼어서 예비비 통장에 넣어 관리한 것이다.

이뿐 아니라 한 달에 정해진 예산보다 돈을 적게 쓰면 남은 돈을 예비비 통장에 넣어두었다. 반대로 예산보다 초과해서 지출하면 저축을 줄이는 것이 아니라 예비비 통장에서 꺼내 썼다. 이렇게 예비비 통장과 비상금 통장을 분리해서 관리하면서부터 지출이 급격히 늘어난 달에 스트레스 받는 일이 사라졌다.

예비비 통장과 비상금 통장은 일반 입출금 통장이 아닌 하루만 넣어두어도 이자가 나오는 파킹통장을 활용하면 좋다. 특히, 입금할 때는 쉽고 꺼내 쓰기는 번거롭게 느껴지는 증권사 CMA 상품이나 토스 잇딴주머니 통장, 카카오뱅크 세이브박스, 국민 마이핏 통장 등을 추천한다.

편하게 부자 되는
부자 시스템이 있다

부자가 되고 싶다면 부자 시스템을 만들어라

나는 한 해의 상반기가 지나고 나면 반드시 상반기 가계부 결산을 한다. 우리 집의 경우 자산관리를 100% 내가 책임지고 있다. 때문에 남편에게 변화하는 우리 집의 자산 상황을 이야기해주기 위해 6개월에 한 번씩 가계부 결산을 꼭 하고 있다.

반년 동안 얼마를 모았는지, 대출 상환은 어느 정도 했는지, 수입은 어땠는지 등을 남편에게 이야기해주면서 서로 격려해주기도 하고 남은 한 해를 어떻게 보내야 할지 이야기하는 시간을 가진다. 피드백을 하는 것이다.

작년 2020년 상반기는 우리 집에 큰 변화가 있었다. 코로나19로 인해 내 본업 수입이 완전히 끊긴 것이다. 그래서 상반기 가계부

호호양의 미니멀 재테크

결산을 하면서 마음을 단단히 먹었다. 당연히 작년보다 저축이 현저히 줄었겠구나 하며 계산을 해나갔는데 결과는 정반대였다.

오히려 2019년 상반기보다 저축이 늘어난 것이다. 2020년부터 주식 투자를 시작하면서 주식, 대출 상환, 적금 등 다양한 형태로 돈을 모으고 있다 보니 가계부를 정산해보기 전에는 전혀 몰랐던 사실이었다. 나는 이번 결과로 크게 노력하지 않아도 알아서 돈이 모이는 편하게 부자 되는 시스템이 드디어 완성되었다고 생각했다. 내가 만들었던 것은 모두 5가지 시스템이었다.

부자 시스템1. 필요한 것만 사는 소비 습관을 들인다

나 또한 처음 재테크를 시작하며 소비를 줄여나갈 때는 괴로웠다. 마트에 가서 카트에 물건 하나 담을 때마다 망설이는 나를 마주하며 언제까지 이렇게 아껴야 할까 고민한 적도 많았다. 하지만 그렇게 1년이 흐르고 난 후 나는 더 이상 소비를 통제하는데 스트레스를 받지 않는다.

더 정확히 표현하자면, 더 이상 소비를 통제할 필요가 없어졌다. 나는 필요하지 않은 물건을 사고 싶다는 생각 자체가 아예 들지 않았다. 물건에 대한 소유욕이 사라진 것이다. 반드시 필요한 물건만 사는 올바른 소비 습관이 생겼기 때문에 소비하지 못해서 느끼는 스트레스가 전혀 없다.

미니멀 라이프를 실천하며 물욕이 없어진 점도 있지만 그것 이

전에 물욕이 사라지는데 큰 역할을 한 것은 바로 환경을 바꾼 것이었다. 나는 나 자신을 쇼핑 정보로부터 차단했다. 핸드폰에 있는 쇼핑 앱을 모두 지우고 자주 이용해서 지울 수 없는 쇼핑 앱은 한 폴더에 넣어 눈에 잘 띄지 않는 구석에 배치해두었다. 이렇게 앱 정리를 한 이후로 나는 더 이상 킬링타임에 쇼핑 앱에 들어가 아이쇼핑을 하지 않게 되었다.

그리고 마켓을 운영하는 인플루언서의 SNS도 모두 구독을 취소했다. 관심이 없던 물건도 좋아하는 인플루언서가 추천하면 자꾸만 관심을 갖게 되어 모두 차단하고 정말 궁금할 때만 검색해서 들어가본다.

부자 시스템2. 미니멀리즘으로 소비와 주거를 개선한다

미니멀 라이프를 한다고 하면 필요한 물건만 사기 때문에 소비가 줄어들어 절약이 된다고만 생각하는 경우가 대부분이다. 하지만 미니멀 라이프의 진짜 장점은 따로 있다. 주거비가 현저하게 줄어든다는 것이다.

서울 아파트 중위값이 10억 원을 넘은 지 오래다. 30평대가 10억이라고 가정하면 평당 3,000만 원 정도다. 미니멀 라이프를 통해 집에 꼭 필요한 물건만 남기고 30평대 집을 20평대로 옮기면 무려 3억 정도를 절약할 수 있게 된다. 전셋집이라면 적어도 1억 이상을 절약할 수 있다. 1억에 대한 대출 이자를 따져보면 한 달에 약 25만 원이다. 즉, 미니멀 라이프를 통해 물건을 줄여 작은 집에서 살면 한 달에 25만 원을 더 저축할 수 있게 된다.

나는 결혼해서 지금까지 계속해서 실평수 10평대에 살고 있다. 가끔 지인들이나 가족들이 "얼른 큰 집으로 이사해야지"라고 이야기할 때가 있지만 나는 전혀 불편함을 느끼지 않는다. 한 번도 큰 집에 살아본 적이 없어서이기도 하고 미니멀 라이프를 통해 작은 집을 큰 집처럼 활용하고 있기 때문이기도 하다.

지금 살고 있는 집을 한 번 돌아보자. 혹시 수많은 물건을 보관하기 위해 부담스러운 주거비를 감당하고 있지는 않은가?

부자 시스템3. 성과금은 모두 저축한다

내 주위만 둘러봐도 성과금이 들어오면 고급 휴양지로 해외여행을 다녀오거나 명품 백을 사는 경우가 많다. 성과금이 1,000만 원대로 들어오는 삼성전자 임직원이 많이 사는 동탄의 경우 성과금이 들어오는 시즌이 자동차 영업사원들에게는 성수기라고 할 정도다. 이처럼 성과금은 공돈이라고 생각해 열심히 일한 자신에게 주는 보상 삼아 소비할 생각만 하는 경우가 대부분이다.

하지만 나는 결혼해서 단 한 번도 남편의 성과금을 소비한 적이 없다. 늘 성과금이 들어오자마자 대부분 대출 상환을 하는데 썼다. 단기간에 1억을 모으는데 가장 큰 역할을 한 것도 이 성과금이었다. 남편의 회사는 성과금이 전혀 들어오지 않는 해도 있기 때문에 나는 늘 남편의 성과금이 들어오지 않는다는 가정 하에 저축 목표를 정했다. 그래서 운 좋게 성과금이 들어온 해는 저축 목표보다 훨씬 많은 저축을 할 수 있었다.

성과금이 예정되었다는 이야기만 들리면 항상 어디에 소비할지 계획만 짜던 습관을 가진 사람에게 성과금을 한 푼도 쓰지 말고 저축하라고 하면 부담될 수밖에 없다. 즉, 성과금을 저축하는 것도 습관이다. 성과금을 저축하는 습관을 만들어두면 매년 스트레스 받지 않고도 생각보다 많은 저축을 할 수 있을 것이다.

부자 시스템4. 잠시도 돈이 놀지 않도록 관리한다

돈의 가치는 우리가 숨 쉬는 지금 이 순간에도 계속해서 떨어지고 있다. 그래서 내가 가지고 있는 자산을 가만히 놀고 있게 내버려두면 안 된다. 대부분 안전자산이라고 생각하는 전세보증금이 대표적인 노는 돈이다. 임대인의 집을 빌려 사는 대가로 임대인에게 공으로 빌려주는 돈이라고 생각하면 된다. 전세보증금을 임대인에게 주지 않고 은행에 넣어두면 아무리 초저금리 시대라 할지라도 이자를 받을 수 있다.

만약 대출을 받아 내 집을 마련할 경우 집값이 떨어진다는 위험 부담을 가지게 되지만 돈의 가치가 떨어질 경우 그만큼 자산의 가격이 증가할 가능성이 크다. 또한 미래 호재를 가지고 있는 집을 매수할 경우 시간이 지나면 자산의 가치가 높아져 수익을 기대할 수 있다.

나는 돈의 가치가 떨어지는 위험을 헤지(hedge)하기 위해 모든 자산을 하루라도 놀지 않도록 관리하고 있다. 우리 집 자산 중 가장 비중이 높은 부동산은 미래 호재가 있어 계속해서 가치가 상승할 곳을 선택했다.

그 외에 가지고 있는 자산도 국내 주식, 해외 주식, 적금 등 조금이라도 수익이 발생할 수 있게 관리 중이다. 돈 관리를 제대로 하지 않을 때는 월급이 들어온 후 한참을 그냥 월급 통장에 돈을 넣어놓았다가 결국에는 체크카드로 모두 사용하곤 했다.

반면에 현재는 돈이 들어오면 바로바로 모든 돈들이 제 역할을 하기 위해 자기 자리로 이동한다. 그리고 생활비로 쓰이지 않을 잉여자금 또한 하루라도 놀고 있지 않도록 모두 하루만 넣어도 이자가 붙는 CMA 통장이나 파킹통장에 넣어둔다.

부자 시스템5. 수입을 다각화하라

부자가 되고 싶다면 절대로 외면해선 안 될 것이 바로 수입의 다각화이다. 직장인이라고 해서 꼭 직장에서만 수입을 내라는 법은 없다. 유명한 경제 유튜버 신사임당이 말한 대로 현재는 단군 이래로 돈 벌기 가장 좋은 시대다. 아이를 보느라 밖에 나갈 수 없는 주부도, 하루의 대부분을 네모난 회사 건물 안에 갇혀 지내는 직장인도 조금만 관심을 가진다면 돈을 벌 수 있는 방법이 지척에 널려 있다.

나 또한 결혼 후 계속 시도해왔던 부수입 만들기가 몇 년 전부터 성과를 내면서 다양한 파이프라인을 통해 수입이 들어오고 있다. 덕분에 코로나19로 인해 본업 수입이 끊겼음에도 저축은 오히려 증가할 수 있었다.

특히, 잘 관리해둔 플랫폼 한 개는 웬만한 부동산 자산보다 가치가 있다고 생각한다. 유튜브, 블로그, 인스타그램 등의 SNS 플랫폼 하나만 관리를 잘해두어도 그것을 활용해 계속해서 수입을 만들어 갈 수 있다.

다섯 가지 편하게 부자 되는 시스템을 만들어나갈 때는 조금 힘들 수 있다. 하지만 1년 정도 집중해서 부자 되는 시스템을 만들고 나면 크게 노력하지 않아도 계속해서 자산이 불어날 것이다.

퇴사하고 싶다고?
내 월급의 가치를 평가하라!

'퇴사'라는 키워드는 어떤 플랫폼에서든 인기다. '퇴사 브이로그'는 유튜브 내에서 인기 콘텐츠에 해당한다. 퇴사를 하고 싶어 하는 수많은 직장인들이 퇴사하고 싶을 때마다 '퇴사'를 검색해 자신과 같은 생각을 가진 사람들을 보며 공감하거나 대리만족을 하는 경우가 흔하다.

심지어 '퇴사 학교'까지 등장했다. '퇴사 학교'라는 플랫폼은 퇴사를 원하는 직장인들의 퇴사를 돕는다. 퇴사를 준비하는 사람들이 들으면 좋은 강의 커리큘럼 등을 제시해준다. 그만큼 퇴사는 모든 직장인들의 로망이 된 지 오래다.

그런데 혹시 본인의 월 급여의 가치에 대해 깊게 생각해본 적이 있는가? 대부분의 월급쟁이들은 자신의 월급의 가치를 매달 월급

날 통장에 찍히는 액면가만 생각할 것이다. 하지만 이는 자신의 월급의 진가를 제대로 알지 못하고 있는 것이다. 특히, 사회 초년생처럼 월급이 적은 사람일수록 자신의 근로소득의 가치를 무시하는 경향이 크다.

나는 여기서 무조건 퇴사가 나쁘다거나 회사 밖은 지옥이라는 지루하고 뻔한 이야기를 하며 설득하고 싶은 마음은 없다. 단지 본인의 월급의 가치를 제대로 알고 있었으면 하는 마음으로 이야기를 시작해보려고 한다.

신용대출 규모로 내 월급의 가치를 평가한다

결혼 초에 나는 전세대출을 갚기 위해 과외를 체력이 닿는 데까지 받아서 정말 열심히 했다. 덕분에 방학 때는 대기업을 다니는 남편보다 내가 더 많이 벌 때도 있었다. 직장인이 일하는 시간만큼 일하면 웬만한 대기업 직장인보다 월급이 많은 직업이 바로 과외교사다. 때문에 노동시간에 비해 급여가 높은 과외교사 일에 자부심을 가지고 나름대로 만족했다.

하지만 내가 내 급여의 가치에 대해 바로 알게 된 계기가 있었다. 그것은 바로 결혼 후 내 집을 마련하기 위해 대출을 알아봤을 때이다. 우리 부부는 전세금 이외에 잉여자금이 전혀 없이 대출을 활용해 내 집을 마련할 계획이었기 때문에 최대로 마련할 수 있는 대출 규모의 파악이 중요했다.

우리 부부는 각자 은행에 방문해 신용대출 가능 규모를 확인했는데 그 결과는 참담했다. 프리랜서인 나에게 신용대출을 해주겠다는 은행이 단 한 군데도 없었던 것이다. 반면에 대기업을 다니고 있는 남편은 무려 세전 연봉의 1.5배 규모의 대출 승인이 2주면 가능하다는 사실을 알게 되었다. 연간 월 급여는 크게 차이가 없었지만 신용대출 규모로 따져보니 우리 부부의 월 급여의 가치는 크게 벌어졌다.

회사 규모에 따라 차이가 있지만 4대 보험을 내고 있는 직장인이라면 연봉의 1배에서 최대 1.5배까지 신용대출이 가능하다. 즉, 연봉이 세전 3,000만 원이라면 최대 4,500만 원까지 대출이 가능하다는 이야기다.

나는 이 사실을 확인하고 다양한 직업의 월급의 가치를 달리 보게 되었다. 월 급여의 액면가는 크게 차이가 없다고 하더라도 직장이 어느 곳이냐에 따라 가치 차이가 벌어진다.

예를 들어, 소득의 액면가는 공무원보다 개인사업을 하는 사람들이 더 클 수 있지만 신용대출 규모로 가치를 따지자면 신용대출 승인이 잘 나지 않는 개인사업자보다 공무원의 소득이 훨씬 가치가 높은 것이다.

신용대출 규모가 중요한 이유는 저렴한 은행 이자로 대출을 일으켜 그보다 큰 수익을 얻을 수 있는 투자처에 투자를 하면 레버리지 효과를 일으킬 수 있기 때문이다. 레버리지 효과란 우리말로 지렛대 효과를 이야기하는데 타인의 자본을 지렛대로 활용해 자기자본이익률을 높이는 것을 말한다.

레버리지로 돈을 버는 대표적인 산업은 금융업이다. 금융회사는 개인이 예적금 등으로 맡긴 돈을 생활하는데 돈이 필요한 또 다른 개인이나 사업을 하는데 돈이 필요한 기업에게 대출해주고 대출 이자와 예적금 이자의 차액만큼 이득을 남긴다.

대출로 푼돈의 가치를 깨닫고 회사에 감사하게 되다

이것 외에도 나는 담보대출을 받으면서 푼돈의 가치를 다시 한 번 되새기게 되었다. 월 30만 원은 1억을 빌렸을 때 이자로 납부할 수 있는 돈이다. 이렇게 생각하자, 나는 30만 원이 1억으로 보이기 시작했다. 한 달에 30만 원을 절약하면 나는 대출로 1억을 마련해 투자를 할 수 있게 된다. 이와 같은 계산법으로 3만 원은 1,000만 원의 가치를 지닌다.

이러한 사실을 깨닫고 나면 새삼 본인의 월급과 몸담고 있는 회사에 대해 감사함을 느끼게 되고, 푼돈을 푼돈으로 보지 않게 된다. 나는 최근에도 회사에 대한 불만불평을 말하는 남편에게 그래도 당신 회사 덕분에 집을 샀다며 늘 남편의 회사에 감사하다고 이야기했다. 남편마저 나처럼 프리랜서이거나 개인사업자여서 대출 승인이 잘 나지 않았다면 아마도 우리 부부는 여전히 무주택자였을 지도 모른다.

대출에 대한 경험이 없는 사회 초년생들은 자신의 소득을 액면 가로만 평가해 과소평가하고 있다. 앞서 이야기한 방법대로 월 실수령액 200만 원을 받는 직장인의 근로소득 가치를 다시 한 번 생각해보는 시간을 가져보자.

4장

누구나 부자로 만들어주는
가계부 관리법

소비를 확 줄여주는 가계부 작성법이 있다
가계부의 고정비는 진짜 고정비일까?
가계부, 무엇으로 쓰면 좋을까?
가계부에도 피드백이 필요하다
식비를 절약해주는 6가지 스킬 총정리

소비를 확 줄여주는
가계부 작성법이 있다

　가계부를 쓰면 소비가 줄어들까? 나는 어릴 때부터 부모님에게 한 달에 한 번 정해진 용돈만 받아 생활했다. 우리 부모님이 의도하신 것인지는 모르겠지만 한 달에 한 번 용돈을 받아 계획적으로 쓰는 것이 나의 첫 번째 돈 공부였다.

　매월 1일 정해진 용돈만 받을 수 있다 보니 나는 어릴 때부터 누가 시키지 않아도 용돈 기입장을 꼭 쓰려고 노력했다. 덕분에 성인이 되어서도 꾸준히 가계부를 썼다. 바쁘다는 핑계로 밀려 쓸 때도 많았고, 여행비 등 지출이 큰 달은 쓰면 쓸수록 의기소침해져 한 달 건너뛸 때도 있긴 했지만 늘 포기하지 않고 다시 가계부를 꺼냈다.

　하지만 이렇게 꾸준히 용돈 기입장이나 가계부를 썼음에도 딱히 소비가 줄지는 않았다. 열심히 지출 내역을 기록했지만 늘 월말이 되면 남은 생활비가 없어 허덕이기 바빴고, 늘 월급은 부족하다고 느껴졌다. 20년 동안 나는 단지 기록한다는 사실에 안도했던 것같다. 그러나 결혼을 하고 돈을 빨리 모으고 싶어서 필사적으로 돈관리에 매달리고 나서야 이제까지 왜 가계부를 썼는데도 내 소비가 줄어들지 않았는지 깨닫게 되었다.

가계부, 과거가 아니라 미래를 기록하라

이전까지 내가 가계부를 열심히 썼음에도 소비가 줄지 않았던가장 큰 원인은 '과거의 소비'를 기록하는 용도로만 가계부를 활용하고 있었기 때문이었다. 계획도 없고 예산도 없이 과거에 사용한돈을 단순히 기록하기만 했던 것이다.

이처럼 '과거의 소비'만 기록한 가계부는 매달 배송되는 신용카드 내역서와 별반 다르지 않다. '이번 달에 뭐 대단한 것 산 것도 없는데 왜 생활비를 150만 원이나 썼지?' 의문이 들 때 '응, 네가 쓴거 맞아'라고 증명해주는 증거 역할만 할 뿐이다.

가계부를 씀으로써 지출이 줄어드는 효과를 보고 싶다면 '과거의 소비'뿐만 아니라 '미래의 소비'도 가계부에 기록해야 한다. 즉,이미 일어난 소비만 기록하는데 그치는 것이 아니라 좀 더 적극적으로 앞으로 다가올 미래에 돈을 어디에 얼마만큼 쓸 것인지 계획해 예산을 짜야 한다.

가계부 쓰는 것이 처음이라면 카테고리별로 어느 정도 소비를 하고 있는지 알 수 없어 예산을 짜기가 어렵게 느껴진다. 이럴 때는 지난 세 달 치 카드 명세서를 보고 지난 세 달의 가계부를 몰아서 쓰는 것이 도움이 된다.

가계부를 몰아서 쓰는 것이 부담된다면 카드와 연동이 되는 가계부 앱을 다운받아 인증서를 등록하면 지금까지 카드 사용 내역이 가계부에 등록되고 자동으로 카테고리 분류도 해준다. 하지만 완벽한 것은 아니니까 다시 카테고리를 확인해 분류하는 작업을 거쳐야 한다. 이렇게 과거 세 달 치 카드 내역서를 보고 카테고리별로 목표 예산을 정한 뒤 가계부를 써야 소비 통제에 효과가 있다.

비고정지출, 필요와 욕구가 명확히 보이게 분류하라

하지만 처음부터 카테고리를 너무 세분화해서 기록할 필요는 없다. 우선 식비와 기타로만 나누어 써보고, 가계부 쓰기가 익숙해지면 취향에 따라 '기타' 카테고리에 들어가 있는 것들 중에 자신이 자주 소비하는 카테고리를 세부 카테고리로 나누어 관리하면 된다. 자신이 집중 관리하고 싶은 것들을 위주로 카테고리를 만들어 나가는 것이다.

다음 표는 내가 사용하고 있는 가계부 카테고리이다. 내 가계부 카테고리를 보고 신기해하는 사람들이 많다. 나도 처음에는 기본적으로 많이 사용하는 비고정비 대분류인 식비, 미용, 건강, 문화생활 등으로 카테고리를 나누어 가계부를 썼다. 하지만 가계부를 기록하다 보니 미용, 건강, 문화생활 등은 매월 주기적으로 같은 금액을 지출을 하는 게 아니라서 예산을 잡기가 어려웠다. 어떤 달은 미용 지출을 전혀 안 하기도 하고 한 번에 옷 장만을 많이 하는 달은 미용 지출 예산을 훌쩍 넘기도 했다.

가계부의 비고정지출 카테고리 예시

대분류	예산	소분류
식비	40만 원	마트
		편의점
		외식
		배달
		카페
필수품(필요를 반영한 소비)	25만 원	생필품
		침구/주방용품
		수리비/소모품 구입
		기타
쇼핑(욕구를 반영한 소비)		미용
		가전/가구
		인테리어
		기타
서비스		문화생활
		취미생활
		병원/약국
		기타

그래서 나는 식비를 제외한 지출을 필수품, 쇼핑, 서비스로 분류해 관리하고 있다. 이는 내가 늘 강조하는 필요와 욕구를 구분하는 카테고리이다.

똑같은 시계를 구매해도 예쁘고 가지고 싶다는 이유로 구매를 했다면 쇼핑 카테고리에 집어넣고, 반드시 필요해서 구매한 경우는 필수품으로 분류한다. 가전제품이나 침구류도 마찬가지이다. 이미 집에 충분히 많은 침구류를 가지고 있는데도 불구하고 예쁘다고 새로운 이불을 구매한 경우는 쇼핑으로 분류하고 이불이 낡아서 새로운 침구를 구매한 경우는 필수품으로 분류한다.

나는 이처럼 소비를 '필수품'과 '쇼핑'으로 나누고 나서 필요와 욕구를 구분할 줄 알게 되었고, 점차 쇼핑 카테고리의 총지출이 자연스럽게 줄어들었다.

또 한 가지 가계부 사용 초보들이 많이 실수하는 것은 예산을 한 번 정하고 나면 바꿀 생각을 하지 못한다는 것이다. 예산은 한 번 정하면 평생 가져가야 하는 것이 아니라 매월 다시 짜는 것이다. 또한 필요하다면 한 달 중에도 바꿀 수 있다.

매월 같은 생활비를 쓰는 것은 불가능하다. 가정마다 매달 새로운 이벤트가 있을 수 있고, 공통적으로는 명절이나 가정의 달에는 지출이 늘어날 수밖에 없다. 따라서 예산은 반드시 매월 말 가계부 정산을 하면서 다음 달 예산을 새로 짜야 한다. 즉, 예산은 고정된 것이 아니라 늘 유동적으로 변동해야 하는 것이다.

매월 말에 다음 달 특별 이벤트를 확인하고 반영해서 예산을 수

정한다. 예를 들어, 지인들 모임이 많은 연말의 경우 부부 각자의 용돈 예산을 높게 잡고 식비 예산을 줄이는 식이다. 매달 한정된 총예산을 그달 특별 이벤트들을 고려해 카테고리별 예산을 새롭게 조정해야 한다.

피드백 없는 가계부 쓰기는 시간 낭비다

예산을 정하고 가계부를 쓴다고 해도 피드백을 제대로 하지 않는다면 소비가 줄어들지 않는다. 단순히 가계부에 지출 기록만 한다면 결국 또다시 월말이 되면 돈이 없어 월초만을 기다리는 생활을 반복하게 된다. 따라서 반드시 가계부를 쓰면서 한 주마다 중간 피드백을 해야 한다. 한 주 동안 얼마를 썼고, 남은 예산은 얼마인지 살펴보고 다음 주에 사용할 예산을 정하는 것이다. 만약 다음 주 주말에 친구들과 약속이 있다면 친구들과 만나서 쓸 예산을 염두에 두고 평일에 얼마를 사용할지 하루 예산을 정한다.

또 월말에 남은 예산이 없다면 '주 3회 이상 무지출'과 같이 하루 동안 한 푼도 지출하지 않는 '무지출 데이'를 목표로 정해 소비를 조절하는 것이 좋다. 한 주 피드백과 함께 한 달 피드백도 잊으면 안 된다. 월말이 되면 한 달 동안 카테고리별로 지출한 내역을 정산해 기록하고 예산도 다시 점검해보는 시간을 갖는다.

나는 월말에 가계부를 정산하면서 전체 소비를 '소비', '낭비', '투자'로 구분하는 작업을 한다. 여기서 '소비'는 꼭 필요했던 소비나 진정으로 나를 즐겁게 해준 아깝지 않는 소비들이다. 식비나 생필품 등이 이에 속한다. 나는 이중에서도 정말로 만족했던 소비를 매달 세 가지 이상 뽑아본다. 내가 어떤 소비를 할 때 가장 크게 만족하는지, 나의 소비 성향을 정확히 파악하기 위해서다.

'낭비'는 피할 수 있었던 소비나 지출 후 후회되는 소비를 의미한다. 예를 들어, 직장에서 직장 동료들을 따라 들어간 편의점에서 충동적으로 눈에 보여 사먹은 간식이라든가 옷 매장 직원이 너무 잘 어울린다고 칭찬해서 충동구매를 했는데 막상 회사에 입고 다니기에는 어울리지 않아서 안 입게 되는 옷 등이다.

이런 소비 또한 발견하면 다음에는 같은 상황에서 어떻게 방어할 수 있을지 방법을 찾아 실천한다. '다음부터는 절대 안 사야지'와 같은 두루뭉술한 목표는 지켜지지 않을 가능성이 농후하다. '동료들이 편의점에 가겠다고 하면 편의점 앞에서 기다려야겠다', '옷을 살 때는 당일에 사지 않고 반드시 하루 이틀 더 고민해봐야겠다'와 같이 매우 구체적인 대처 방법을 생각해둔다.

마지막으로, '투자'는 자기계발비용이나 일이나 커리어에 필요한 소비를 의미한다. 이 작업을 월말에 몰아서 하는 이유는 소비를 한 후 시일이 지나야 소비 내역을 냉정하게 평가할 수 있기 때문이다. 지출한 지 시간이 얼마 지나지 않았을 때는 모든 소비가 타당하게 느껴지기 마련이다.

또한 가계부가 처음이라면 '낭비'라 생각되는 지출 내역을 찾기 어려울 수 있다. 모든 소비를 꼭 필요한 소비라고 합리화하는 습관을 버리지 못했기 때문이다. 이럴 때는 생활비의 10%를 줄이기 위해서 포기할 수 있는 소비 목록을 찾아보는 것이 좋다.

자신에게 맞는 예산 찾는 법

가계부 코칭을 시작할 때 수강생들이 가장 어려워하는 일이 바로 한 달 카테고리별 예산을 짜는 것이다. 내가 이때 가장 추천하는 방법은 세 달 치 가계부를 몰아서 쓰고, 각 카테고리별 지출 평균을 낸 뒤, 그것의 10% 정도 적게 예산을 정하는 것이다.

하지만 이 방법을 활용해 예산을 정한 뒤에도 불안해하는 수강생들이 정말 많다. "4인 가족 식비가 이 정도면 괜찮을까요?", "다른 사람들은 어느 정도로 예산으로 잡나요?"와 같은 질문들을 항상 한다. 이에 대해 나는 이렇게 생각한다.

적정 식비는 없다!

처음 생활비를 관리할 때 예산을 가장 고민하게 되는 카테고리가 바로 식비다. '다 먹고 살자고 하는 건데'라는 생각에 아무 생각 없이 배달 음식을 시켜먹다 보면 끊임없이 증가하는 게 식비이기 때문이다. 사실 고백하자면 나도 처음 재테크를 시작했을 때 포털에 '2인 가족 적정 식비'라고 검색해본 적이 있다. 가계부를 5년간 써온 나의 결론은 예산에 정답은 없다는 것이다. 어떤 사람은 옷보다 가전제품을 샀을 때 훨씬 소비만족도가 높아 여운이 오래 남고,

어떤 사람은 물건보다는 먹을 때 행복을 느낀다.

우리 집 2인 가족 식비 예산은 40만 원이다. 절약을 지향하는 가정치고는 다소 높은 예산이다. 짠테크 카페에 들어가 검색해보니 대부분의 2인 가정은 식비를 30만 원 이하로 지출하고 있었다. 그래서 아주 오래도록 우리 집 목표 식비 예산은 늘 30만 원이었다. 하지만 안타깝게도 늘 실패했다. 그러다 작년에 예산을 수정하면서 우리 집 식비 예산을 30만 원에서 40만 원으로 과감하게 늘렸다. 우리 부부는 쇼핑보다는 먹는 즐거움을 즐기는 편이기 때문에 쇼핑 예산을 줄이고 대신 식비 예산을 늘렸다.

사람마다 만족하거나 돈이 아깝지 않은 소비 카테고리가 모두 다르기 때문에 그에 따른 적정 예산은 모두 다르다. 즉, 한 달 동안 식비를 20만 원 쓰느냐 80만 원 쓰느냐가 중요한 게 아니라 지출 중 불필요한 소비의 포함 유무가 중요하다. 만약 지출 중에 불필요한 소비가 많이 포함되어 있다면 기존 지출보다 예산 목표를 10~20% 적게 잡고 불필요한 소비를 줄여나가야 한다.

식비를 50만 원 쓰고 있다고 하더라도 본인이 먹는 것에 특히 행복을 느끼는 사람이고, 버리는 식재료도 없고 후회하는 지출도 없이 알차게 사용하고 있다면 올바른 소비라고 생각한다.

나만의 예산은 이렇게 찾아라

식비뿐만 아니라 모든 카테고리 예산이 동일하다. 남들과 비교하면서 예산의 액면가가 적절한지를 평가하기보다는 현재 지출하고 있는 소비 중에 불필요한 소비가 너무 많이 포함되어 있지는 않은지 살펴봐야 한다. 사놓고 후회하거나 잘 사용하지 않는 것을 구매하는 횟수가 많은 카테고리는 다른 카테고리보다 예산 관리를 철저하게 해야 한다. 아무리 사고 싶은 물건이 생겨도 예산이 없다면 지출하지 않는 연습을 해야 한다.

또한 총저축 규모에 스스로 만족하고 있는지가 중요하다. 예를 들어, 현재 월 급여 200만 원 중 100만 원을 잉여자금으로 저축하고 있는데 목표를 위해 저축 규모를 늘리고 싶다면 아무리 생활비 100만 원 중 불필요한 소비나 후회되는 소비가 없다고 하더라도 줄일 수 있는 부분의 예산 목표를 조정해 잉여자금을 더 만들어야 한다.

자신에게 맞는 예산을 찾는 방법은 심플하다. 가계부를 열심히 쓰고 피드백을 하는 것을 반복하는 것이다. 나는 매달 가계부를 정산하며 예산을 다시 점검한다. 예산 안에서 불필요한 지출이 너무 많았다면 계속해서 예산을 타이트하게 잡아 줄이기 위해 노력한다.

또한 아무리 노력해도 삶의 만족도가 떨어질 정도로 절약이 힘들다 싶은 카테고리의 예산은 과감하게 늘리기도 한다. 나에게 꼭 맞는 예산을 찾기까지는 꽤 오랜 시간이 걸린다. 너무 조급해하지 말고 매달 새로운 도전을 한다는 생각으로 여유 있게 접근하는 것이 좋다.

가계부의 고정비는
진짜 고정비일까?

그게 고정지출이 아니라고요?

가계부 코칭을 하다 보면 고정비와 비고정비의 개념을 혼동하는 분들이 의외로 많다. 생활비는 크게 고정비와 비고정비로 나눌 수 있는데, 이 두 가지를 반드시 제대로 구분해야 한다. 월말에 가계부 피드백을 할 때 고정지출의 경우 특별히 예산을 초과한 부분만 확인하고 넘어가면 되지만 비고정지출의 경우 하나하나 쓸데없는 소비가 없었는지 면밀하게 살펴봐야 하기 때문이다.

고정비와 비고정비를 나누는 기준은 다 다르지만 나는 조금 보수적으로 기준을 잡는 편이다. 내가 생각하는 고정비는 선택이 아니라 필수로 반드시 지출해야 하는 고정적인 소비들이다. 예를 들어, 출퇴근할 때 이용하는 대중교통비라든가 관리비, 통신비, 보험료 등이 이에 속한다.

가계부 코칭을 해보니 자동이체로 나가는 모든 지출을 고정비라고 잘못 알고 있는 분들이 많았다. 그래서 매달 이용하는 정기 구독 서비스나 각종 모임비, 경조사비 등을 고정지출로 기록해두는 경우가 있었다. 이들은 모두 정기적으로 지출되지만 비고정지출에 해당한다.

비고정지출과 고정지출을 구분하는 가장 좋은 예는 아이 학습지 비용과 유치원비이다. 이 두 가지를 모두 매달 고정적으로 나가는 비용이기에 고정비라고 생각하는 경우가 많다. 하지만 엄연히 둘은 성격이 다르다.

아이 유치원 등원은 선택이 아닌 필수이므로 고정지출이 맞다. 하지만 아이 학습지 비용의 경우 필수가 아닌 선택이므로 비고정지출이다. 그러므로 매월 말 가계부 정산을 할 때 학습지 비용을 계속해서 지출하는 것이 합리적인지 따져봐야 한다. 혹시 매달 학습지를 받아만 두고 밀리는 것은 아닌지, 또 학습지를 푼 만큼 성취도가 있었는지 확인해보는 것이다. 만약 투자한 비용만큼 효과가 없다면 계속 지속할지 검토해봐야 한다.

매달 고정적으로 나가는 운동비나 취미생활 비용도 대표적인 고정비인 척하는 비고정비이다. 만약 몇 달 지속하던 운동이 점점 지겨워져서 최근 한 달 동안 반 이상 못 나갔다면 과감하게 다음 달은 운동을 끊어야 한다. 정기 회원권을 구매했을 경우에는 일시정지를 해두는 것도 괜찮은 방법이다. 몇 개월 쉬다가 다시 운동을 시작하면 흥미가 증가할 가능성이 크다.

정기 지출의 기준을 꼭 정하자!

쿠팡 로켓와우, 스마일클럽, 밀리의 서재, 유튜브 프리미엄, 넷플릭스 등 온갖 정기 결제 서비스도 매달 지출한 만큼 유용하게 활용하고 있는지 확인해야 한다. 간혹 한 달 무료라는 마케팅에 혹해서 등록만 해두고 전혀 관리하지 않아 꾸준히 기업에 기부하고 있지는 않은가? 실제로 가계부 코칭을 신청하신 분들 중에 "이런 돈이 매달 나가고 있는지 몰랐어요!" 하면서 놀라는 사람들이 상당히 많다. 내 돈에 관심이 없으면 나도 모르게 내 피 같은 돈을 잃을 수 있다.

앞서 이야기한 다른 것들보다 유독 정기 결제 서비스가 위험한 이유는 바로 자동이체를 걸어두기 때문이다. 한 번 자동이체를 걸어두면 본인도 모르는 사이에 매달 깨알 같은 글씨로 가득 차 있는 카드 명세서의 한 귀퉁이를 차지한다. 바쁜 삶에 치여 합리적인 소비인지 따져볼 겨를이 없다 보니 이렇게 나가는 헛돈이 쌓여 꽤 큰 규모가 되어도 발견하지 못하는 경우가 많다.

운동비나 정기 구독 서비스의 경우 시작할 때 미리 '나와의 약속'을 정해두는 것이 효과적이다. 예를 들어, 한 달에 헬스장에 주 2회 이상 방문하지 않으면 더 이상 다니지 않겠다든가, 책 구독 서비스의 경우 한 달에 세 권 이상 읽지 않으면 바로 해지하겠다 등

정기 지출 점검표 예시

고정지출	체크	고정비성 비고정지출	한 달 목표 이용 횟수	실제 이용 횟수	체크
관리비	○	헬스장	8회	10회	○
유치원비	○	밀리의 서재 구독	3권	2권	×
통신비	○	넷플릭스 정기 구독	주 2회 이상	주 3회 이상	○
주차비	○	아이 학습지	전권 풀기	2회 밀림	×
유류비	○	유튜브 프리미엄	주 5회 이상	매일	○
보험료	○	쿠팡 로켓와우	3회	10회	○

스스로 납득 가능한 합리적인 기준을 정해두는 것을 추천한다.

위 표와 같이 매달 정기적으로 지출하고 있는 것들을 고정지출과 고정비성 비고정지출로 나누어서 기록해보자. 그리고 오른쪽에 분류한 고정비성 비고정지출 중 내가 알지 못했던 소비나 한 달에 사용하는 빈도수가 낮은 목록을 체크하고 이 달이 가기 전에 잊지 말고 해지하자.

고정지출을 줄이는 방법은 따로 있다!

정기적으로 나가는 비고정지출뿐만 아니라 고정지출도 점검해봐야 한다. 고정지출의 경우 처음에 줄일 때 품이 많이 들어가긴 하지만 한 번 줄여두면 매달 신경 쓸 필요가 없다는 게 큰 장점이다. 때문에 생활비를 절약할 때 반드시 '고정지출 다이어트'부터 시도해봐야 한다.

대표적으로 절약하기 가장 쉬운 고정지출은 바로 통신비다. 요즘은 쓸데없는 통신사 멤버십 할인 등의 부가서비스를 모두 빼고 실속 있게 저렴한 통신비로 두둑한 데이터 용량을 제공하는 알뜰폰이 20~30대 젊은 사회 초년생들 사이에서 인기다. 고가의 핸드폰을 제 돈 주고 구입해서 저렴한 알뜰폰 요금제를 가입하면 적게는 한 달에 2만 원대로 데이터와 통화 무제한 서비스를 이용할 수 있다.

만약 단말기 할부가 아직 남아 있다면 저축해둔 돈으로 단말기 할부금부터 갚는 것이 유리하다. 단말기 할부금에는 약 6%에 달하는 단말기 할부이자가 포함되어 있다. 많게는 한 달에 3,000원 정도의 이자가 나가는 것이다. 1년이면 무려 3만 원대의 이자 비용이 지출된다. 현재 모아둔 돈이 있다면 이자 비용을 아끼기 위해 단말기 할부금을 모두 갚는 것이 좋다.

만약 출퇴근할 때 자동차를 이용하고 있어 매달 고정적으로 주차비, 유류비 등 교통비를 과도하게 지출하고 있는 경우 출퇴근 방법을 대중교통으로 바꾸는 것을 고려해보자. 카풀 서비스를 활용하는 것도 괜찮다. 실제로 코칭을 도와드렸던 한 상담자는 고정비를 줄이기 위해 대중교통 대신에 자전거 공유 서비스인 '따릉이'를 자주 이용했다. 결과적으로 교통비를 20% 이상 줄일 수 있었다.

마지막으로, 자취생이라면 매달 고비용이 지출되는 월세 대신에 전세를 얻어 주거비를 줄일 수 있는 방법을 알아보는 것을 추천한다. 당장 이사할 수는 없다고 하더라도 어느 정도 종잣돈이 있어야 다음에 전셋집으로 이사 갈 수 있을지 따져보는 것이 좋다. 월세보다 전세대출 이자가 저렴하기 때문이다. 전세대출의 경우 보증금의 80%까지 대출이 가능하고 대출 가능 조건도 까다롭지 않은 편이라 직장인이라면 소득에 관계없이 대출을 받을 수 있다.

가계부,
무엇으로 쓰면 좋을까?

가계부를 쓰는 방법은 크게 수기 가계부, 앱 가계부, 엑셀 가계부 이렇게 총 세 가지로 나눌 수 있다. 처음 가계부를 쓰려고 하는 초보들은 어떤 가계부로 시작해야 할지 궁금할 것이다. 우선 이 세 가지 가계부의 장단점에 대해 이야기하고 내가 추천하는 가계부 작성법을 소개하려고 한다.

수기 가계부

아날로그 감성이 풍부한 수기 가계부의 최고의 장점은 직접 소비한 내역을 매일 펜으로 눌러쓰는 과정을 거치면서 내가 얼마나 많은 소비를 하고 있는지 실감할 수 있다는 점이다. 게다가 가계부

정산을 할 때 직접 계산기를 두들기다 보면 스스로가 쓸데없는 곳에 큰돈을 소비하고 있다는 것을 새삼 깨닫게 되고 경각심을 가지는데 큰 도움이 된다.

즉, 내가 어떤 곳에 과소비를 하고 있는지 한눈에 보인다. 또한 직접 영수증에 적힌 내용을 옮겨 적기 때문에 자동으로 기록되는 앱 가계부보다 훨씬 소비 내역이 기억에 잘 남고 반성하는 시간도 진지하게 가질 수 있어 의지력이 향상되고 동기부여가 된다.

하지만 그만큼 작성이 오래 걸리고 정산할 때 계산하는 과정이 번거롭다. 계산 실수도 꽤 많이 발생되는 편이라 부정확할 수 있다. 무엇보다도 수시로 남은 예산을 확인하기 어렵다는 점은 치명적인 단점이다.

호호양이 사용한 수기 가계부.

수기 가계부를 작성하는 경우 일주일마다 현재까지 지출한 총액을 정산하기 때문에 주중에 소비욕망이 올라올 때 지금까지 각 카테고리별로 얼마씩 사용했고 남은 예산은 얼마인지 확인할 수가 없어서 소비 방어가 어렵다.

앱 가계부

요즘 나오는 앱 가계부는 정말 똑똑하다. 인증서만 등록해두면 계좌 조회, 카드 내역 조회, 대출 조회, 연금 조회 등이 가능해 전체적인 자산 관리가 가능하도록 설계되어 있다. 스스로 매일 저녁 영수증을 보며 지출 내역을 옮겨 적지 않아도 인증서로 카드 연동만 해두면 앱 가계부가 알아서 카드 내역을 가계부에 옮겨 적어준다.

잠들기 전에 각 사용 내역에 따른 카테고리만 수정해주면 된다. 앱 가계부는 쓰는데 매일 1분이면 충분하다. 게다가 카테고리도 내 취향대로 설정할 수 있고, 각 카테고리별 예산도 등록해둘 수 있다. 앱 가계부의 최대 장점은 수시로 가계부를 열고 카테고리별로 현재까지 사용한 총금액과 남은 예산을 확인할 수 있다는 것이다. 갑자기 충동구매하고 싶을 때라든가 계획하지 않은 소비를 마주했을 때 핸드폰을 꺼내 앱 가계부를 열고 남은 예산을 확인한 뒤에 구매 결정을 내릴 수 있어서 합리적인 소비가 가능하다.

다만, 너무 편리하다 보니 오히려 가계부 쓰기에 소홀해진다는 점이 굳이 단점이라면 단점이라고 할 수 있다. 내가 추천하는 앱

호호양이 추천하는 앱 가계부 뱅크샐러드(왼쪽)와 편한가계부(오른쪽).

가계부는 뱅크샐러드, 편한가계부 두 가지이다. 특히, 뱅크샐러드의 경우 디자인이 심플하고 가장 많은 기능들을 보유하고 있어 내가 가장 선호하는 가계부다.

엑셀 가계부

엑셀 가계부는 앱 가계부와 달리 내가 직접 지출 내역을 파일에 일일이 옮겨 적어야 하기 때문에 앱 가계부보다는 좀 더 시간 투자가 필요하다. 때문에 군이 편리한 앱 가계부를 두고 엑셀 가계부를 쓸 필요를 느끼지 못하는 경우가 많다. 하지만 나는 그럼에도 불구하고 엑셀 가계부를 꼭 써보라고 추천하고 싶다.

알아서 가계부를 모두 써주는 앱 가계부가 편리하긴 하지만 월별로 소비 내역을 한눈에 비교하거나 내가 콕 짚어보고 싶은 소비 내역만 보기에는 한계가 있다. 예를 들어, 8월과 9월 카테고리별 총지출을 비교하고 싶을 경우 엑셀은 그림과 같이 한눈에 직관적으로 비교가 가능하지만 앱은 몇 번의 터치로 원하는 화면을 왔

대분류	예산	소분류	6월	6월 합계	7월	7월 합계	8월	8월 합계
주거	₩ 140,000	관리비	₩ 114,450	₩ 114,450	₩ 146,600	₩ 610,780	₩ 141,300	₩ 141,300
		수리비	₩ -		₩ -		₩ -	
		세금	₩ -		₩ 464,180		₩ -	
		기타	₩ -		₩ -		₩ -	
통신비	₩ 100,000	태민폰	₩ 41,690	₩ 132,620	₩ 41,690	₩ 98,040	₩ 41,690	₩ 94,540
		유경폰	₩ 74,220		₩ 39,640		₩ 36,140	
		TV인터넷	₩ 16,710		₩ 16,710		₩ 16,710	
교통	₩ 70,000	주유	₩ 24,660	₩ 24,660	₩ 49,370	₩ 58,250	₩ 49,700	₩ 59,900
		통비/주차	₩ -		₩ -		₩ -	
		보험/세금	₩ -		₩ -		₩ -	
		소모품/수리	₩ -		₩ -		₩ -	
		대중교통	₩ -		₩ 8,880		₩ -	
		기타	₩ -		₩ -		₩ 10,200	
용돈	₩ 450,000	태민20만	₩ 250,000	₩ 442,802	₩ 168,244	₩ 168,244	₩ 212,380	₩ 212,380
		유경20만	₩ 192,802					
식비	₩ 400,000	마트	₩ 153,930	₩ 406,750	₩ 101,033	₩ 390,003	₩ 140,941	₩ 412,601
		편의점	₩ 570		₩ 40,170		₩ 10,000	
		외식	₩ -		₩ 40,100		₩ 103,500	
		배달	₩ 238,350		₩ 208,700		₩ 145,810	
		카페	₩ 13,900		₩ -		₩ 12,350	
필수품		생필품	₩ 101,900	₩ 523,900	₩ 51,210	₩ 326,930	₩ 131,200	₩ 271,561
		침구주방용품	₩ -		₩ -		₩ -	
		리비/소모품구	₩ 249,000		₩ 51,620		₩ 70,400	
		기타	₩ -		₩ -		₩ 19,871	
쇼핑	₩ 250,000	미용	₩ 64,500		₩ -		₩ -	
		가전가구	₩ -		₩ 146,910		₩ 37,400	
		인테리어	₩ 72,400		₩ 36,000		₩ -	
		기타	₩ -		₩ -		₩ -	
서비스		문화생활	₩ 20,690		₩ 8,690		₩ 8,690	
		취미생활	₩ -		₩ -		₩ -	
		병원약국	₩ 15,410		₩ -		₩ 4,000	
		기타	₩ -		₩ 32,500		₩ -	
자기계발	₩ 100,000	강의	₩ -	₩ 47,830	₩ 100,000	₩ 100,000	₩ 82,500	₩ 118,930
		책	₩ 47,830		₩ -		₩ 36,430	

호호양이 쓰고 있는 엑셀 가계부.

다 갔다 하면서 비교해야 하기 때문에 가계부 피드백에 불편한 점이 있다. 분기별이나 연도별로 정산을 하고 싶을 때도 엑셀 가계부가 훨씬 편리하다. 나도 처음 1년 정도 엑셀 가계부를 썼을 때는 굳이 앱 가계부를 쓰고 있는데 엑셀 가계부를 따로 관리해야 하나 생각했다. 하지만 엑셀 가계부를 쓴 지 2년 차 3년 차가 되고 나니까 엑셀 가계부의 진가를 느끼게 되었다. 우리 집의 소비 데이터가 몇 년 치 쌓이자 매달 예산 짜는 것이 쉬워졌던 것이다.

예를 들어, 몇 년 치 쌓인 데이터를 보고 매년 5월은 어버이날과 어린이날에 들어가는 경조사비 이외에도 결혼식이 많은 달이라 다른 달보다 경조사비 예산을 많이 잡아두어야 한다는 것을 알게 되었다. 또한 연말에는 부부 모두 친구들 모임이 있어 다른 달보다 외식 지출이 크게 늘어난다는 점도 알게 되어 미리 약속 예산을 잡아서 관리하게 되었다.

가계부 작성의 루틴을 만들어라

내가 추천하는 가계부 작성 루틴은 평일에는 앱 가계부를 쓰고, 주말에 일주일 치 가계부를 엑셀에 옮겨 적는 것이다. 평일에 잠들기 전에 앱 가계부가 자동으로 써준 지출 내역을 카테고리만 알맞게 수정해주는데 하루 1분이면 충분하다. 일요일에는 앱으로 관리해둔 일주일 치 지출 내역을 엑셀 가계부로 옮겨 적는다. 시간은 넉넉잡아 15분이면 충분하다.

이렇게 굳이 일주일 치 가계부를 다시 엑셀에 옮겨 적는 것을 추천하는 이유는 앞서 이야기했듯이 소비 내역을 데이터화해두는 엑셀의 강력한 장점을 포기하기 어렵기 때문이다. 게다가 일주일 치 지출 내역을 엑셀로 하나하나 옮겨 적으면서 불필요한 소비는 없었는지 다시 한 번 인지할 수 있다는 점도 큰 장점이다.

나는 가계부 코칭을 시작하기 전까지만 해도 일주일에 2~3회 정도 가계부를 썼다. 오히려 매일 써야 한다는 강박 없이 가계부를 쓰는 것이 오래 지속하는 힘이라고 믿었다. 하지만 가계부 코칭을 시작하면서 수강생들과 함께 하루에 1분을 투자해 매일 가계부

| NICE결제대행 | -20,660원 |
| 앱스토어정기구독등 Fine... | |

앱 가계부 뱅크샐러드가 지출 내역을 자동으로 기록한 모습.

를 쓰기 시작하자 딱히 크게 노력한 것도 아닌데 식비 지출이 20% 정도 감소했다. 매일 가계부를 쓰다 보니 최근 지출이 훨씬 기억에 남아 '어제 마트에서 장을 봤으니까 오늘은 집밥을 먹어야지'와 같이 자연스럽게 통제가 이루어진 것이다.

또한 반드시 매일 가계부를 써야 하는 이유가 한 가지 더 있다. 그것은 바로 가계부 쓰는 시간이 현저하게 줄어든다는 것이다. 위의 그림은 뱅크샐러드 앱 가계부가 나의 지출 내역을 자동으로 기록해준 내용이다. 사용처는 'NICE결제대행'이다. 가계부를 며칠씩 밀려서 기록하게 될 경우 이와 같이 기록된 앱 가계부를 보면 도대체 어디에서 지출한 내역인지 기억이 나지 않아 난감할 것이다.

위의 결제 내역은 뱅크샐러드 앱 가계부가 '앱스토어 정기 구독 등'으로 자동 분류를 했지만 사실은 ◇◇페이 결제 내역이었다. 나는 이 지출이 무엇이었는지 도저히 기억이 나지 않아 결국 NICE 결제대행에 전화해서 알아냈다. 만약 매일 가계부를 썼다면 이처럼 시간을 낭비할 일은 없었을 것이다.

가계부에도
피드백이 필요하다

"매일 가계부를 쓰세요."

"가계부 예산을 잡으세요."

"가계부를 쓰시고 피드백을 꼭 하세요."

이런 일반적인 조언에 따라 열심히 가계부를 써보려고 한두 달 시도하지만 효과를 보지 못하고 포기하는 이유는 어떻게 예산을 잡아야 하는지, 어떻게 피드백을 해야 소비가 줄어드는지 모르기 때문이다.

그래서 결국 꾸준히 가계부를 써도 효과를 보지 못해 시간만 낭비했다고 느끼며 투자해서 수익을 내는 편이 이득이라고 생각하는 경우가 많다. 때문에 현재 내 수강생들이 실제로 효과를 보고 있는 가계부 작성법에 대해 구체적으로 설명해보려고 한다.

나만의 하루 생활비 예산 정하기

'하루 생활비 예산 정하기'는 누구나 쉽고 간단하게 소비를 줄일 수 있는 생활비 절약 노하우다. 방법은 간단하다.

1단계는 전체 한 달 지출 중 고정지출과 경조사비 등을 제외하고 매달 유동적으로 사용하는 한 달 비고정지출 예산을 정한다. 우리 집의 경우 식비 예산 40만 원, 그 외 생필품, 의료/건강, 미용, 취미생활, 문화생활 등 모든 지출의 예산이 35만 원이고, 자기계발 비용이 5만 원으로 경조사비를 제외한 총 비고정지출의 한 달 예산은 80만 원이다.

그다음 2단계는 한 달 비고정지출 예산을 정했다면 그것을 한 달 일수로 나누어 '하루 생활비 예산'을 계산한다.

호호양의 한 달 비고정지출 예산(80만 원) ÷ 일수(30일)

= 2만 6,600원

이렇게 해서 우리 집 하루 생활비 예산은 2만 6,600원이다. 한 달 동안 우리 집 하루 생활비 예산을 기억해두고 매일 하루 생활비 예산을 초과해서 지출하지 않도록 노력하면 지출을 통제하는 고통 없이 쉽게 생활비를 예산 안에서 관리할 수 있다.

만약 특별한 이유로 하루 생활비 예산의 약 두 배인 5만 2,000원을 지출했다고 해도 좌절할 필요 없다. 다음 날 하루 예산까지 당겨서 모두 지출한 셈치고 다음 날 무지출을 해서 만회하면 된다.

이 방법이 소비 통제에 큰 효과가 있는 이유는 무작정 돈을 안 써야지 마음먹는 게 아니라 매일 2만 6,600원이라는 하루 예산 안에서 지출하는 것이라 실천이 쉽기 때문이다.

가계부 작성 일일 루틴

가계부를 쓸 때 대부분 돈을 지출한 '사용처'와 지출한 금액, 그리고 좀 더 꼼꼼한 사람들은 '지출 방법'까지 기록한다. 그런데 여기서 가장 중요한 부분이 빠졌다. 가계부를 쓰면서 내 소비를 분석하고 불필요한 소비들을 줄이기 위해서는 반드시 지출을 했던 상황을 함께 기록해야 한다.

'스타벅스 4,100원'이 열 개 이상 기록되어 있는 한 달 가계부를 마주하면 무작정 '이제부터 스타벅스 좀 그만 가야겠다'라고 결론을 내리는 경우가 많다. 하지만 이런 피드백은 오히려 내 안의 반발심만 자극할 뿐이다. '내가 무슨 부귀영화를 누리겠다고 그깟 스타벅스도 못 가?' 하면서 욜로가 간절해진다. 이처럼 사용처만 적힌 가계부는 피드백할 때 오해를 불러일으켜 가계부 쓰기를 포기

No	날짜	내용	지출금액	수입금액	대분류	소분류
1	2020-11-01	남편이랑 피자 배달 _ 그저그랬음	₩ 31,520		용돈	유경20만
2	2020-11-02	각종 이벤트 당첨 기프티콘 발송	₩ 73,800		필수품	기타
3	2020-11-02	마트 장봄	₩ 17,500		식비	마트
4	2020-11-02	남편이랑 저녁 돈가쓰 외식	₩ 15,280		식비	외식
5	2020-11-03	생필품 쿠팡구매	₩ 35,250		필수품	생필품
6	2020-11-03	피지오겔 150ml 2통	₩ 45,800		필수품	생필품
7	2020-11-05	마트 장봄	₩ 14,490		식비	마트
8	2020-11-05	남편이랑 저녁먹고 파리바게트 간식	₩ 4,400		식비	외식
9	2020-11-05	인터뷰 때문에 택시	₩ 8,900		용돈	유경20만
10	2020-11-05	유튜브 프리미엄	₩ 8,690		서비스	문화생활
11	2020-11-06	떡국떡+간식떡	₩ 8,000		식비	마트
12	2020-11-07	주말 데이트 갈비곰탕 _ 그저그랬음	₩ 22,000		식비	외식
13	2020-11-07	주말 데이트 디저트카페 _굿굿	₩ 13,800		식비	카페
14	2020-11-07	집애오다 산 귤	₩ 6,900		식비	마트
15	2020-11-10	컬리_30%쿠폰와서 벼르던것 지출	₩ 39,692		식비	마트
16	2020-11-10	이마트 장봄	₩ 36,820		식비	마트

가계부에 지출 상황을 적어놓으면 제대로 된 피드백이 가능하다.

하는 원인이 된다.

한 달 동안 스타벅스에서 4,100원씩 여러 번 썼다고 하더라도 그중에서도 지출한 상황에 따라 꼭 필요했던 소비인지 아닌지가 달라진다.

예를 들어, 친구를 만나 스타벅스에서 지출한 것과 회사에서 점심 먹고 습관적으로 마시는 스타벅스 커피는 피드백이 달라야 한다. 매일 점심 먹고 회사 동료들과 습관적으로 방문하는 스타벅스 지출의 경우 피드백을 할 때 나에게 꼭 필요한 소비였는지 다시 한번 생각해봐야 할 부분이다.

반면 친구를 만나 시간을 보내기 위해 지출한 내역의 경우 합리적인 소비에 가깝다. 이처럼 올바른 피드백을 하기 위해서는 가계부에 반드시 지출을 했던 상황을 함께 기록해야 한다. 오래된 지출 내역은 돈을 썼던 상황이 기억이 잘 안 나기 때문에 본인이 보고 지출했던 상황을 떠올릴 수 있는 정도로 간단하게 기록해두면 된다.

오늘의 지출 내역을 지출 상황과 함께 올바르게 기록했다면 다음은 '내일 지출 계획'을 적어야 한다. 미리 쓰는 가계부라고 생각하면 쉽다. 수기 가계부라면 내일 지출을 예상해 연필로 적어두고 다음 날 볼펜으로 덧쓰는 것이 좋다.

이렇게 한 달 동안 하루 예산 안에서 미리 내일 지출 계획을 정해두면 계획된 지출을 하기 위해 충동구매를 절제하게 된다.

가계부 일주일 정산하는 법

가계부를 한 달 정산만 할 경우 아무리 피드백을 잘한다고 해도 소비를 줄이기가 어렵다. 한 달 정산은 이미 한 달의 소비가 모두 완료된 후에 피드백이 이루어지기 때문에 모두 지난 일이라 만회할 기회가 더 이상 없어 계속해서 반성의 시간만 가지게 된다. 결국 자존감만 떨어지고 가계부 쓰기를 포기하게 된다.

스스로에게 만회할 기회를 주기 위해서라도 반드시 가계부 일주일 정산을 해야 한다. 굉장히 번거롭고 오래 걸릴 것 같지만 매일 가계부만 잘 써두었다면 그렇지 않다. 나는 일요일 밤에 잠들기 전에 엑셀 가계부를 정리하면서 지난 소비에 대해 피드백을 한다.

일주일 동안 소비한 내역 중 후회되는 소비를 붉은색으로 표시하고 다음에 이와 같은 후회되는 소비를 하지 않기 위해서 어떻게 해야 할지 나만의 솔루션을 만든다. 예를 들어, 앞서 이야기한 스타벅스 지출의 경우 '이제부터 회사에서 의미 없이 습관적으로 스타벅스에 가는 것을 방지하기 위해 회사에 스틱 커피를 사놔야겠다'라고 구체적으로 피드백을 하고 실행에 옮기는 것이다.

그리고 다음 주 지출 예산을 잡는다. 만약 지난 주 소비가 예산보다 크게 초과되었다면 돌아오는 주 지출 예산을 타이트하게 잡아 방어할 계획을 세운다. 예를 들어, 한 달 식비 예산이 40만 원인데 한 주 만에 벌써 20만 원을 지출했을 경우 남은 식비 예산 20만 원으로 남은 3주를 보낼 계획을 세워야 한다. 20만 원으로 3주, 한 주에 6만 원 이내로 식비를 지출하기 위해 나라면 다음 주 '주 3회 식비 무지출'이라는 세부 목표를 세울 것이다.

또한 다음 주에 특별 이벤트가 있는지도 확인한다. 예를 들어, 주말에 친구와 약속이 있다면 한 주 식비 예산 6만 원 중 3만 원은 미리 빼두고 나머지 3만 원으로 주중 식비를 해결할 세부 계획을 세운다. 점심값이 부족하다고 느껴지면 하루 이틀 도시락을 싸가는 것도 괜찮고, 습관적으로 마시는 커피를 줄이는 것도 좋다.

이처럼 일주일 정산을 하면 중간에 충동 소비 등으로 예산을 크게 초과해도 만회할 기회가 주마다 있다.

가계부 한 달 정산 스킬

일주일 정산을 잘했다면 한 달 정산 또한 오랜 시간이 소요되지 않는다. 기본은 일주일 정산과 동일하고 내가 특별히 한 달 정산 피드백 시에 하는 것은 한 달 전체 소비 중 '가장 만족했던 소비 세

가지'와 '후회되는 소비 세 가지'를 찾아서 기록하는 것이다.

가계부 피드백을 할 때 막연하게 '돈을 너무 많이 쓴다. 아껴야지'라고 결론을 내린다면 아무리 가계부를 열심히 쓴다고 해도 개선되지 않는다. 매달 가장 만족하는 소비와 후회되는 소비 목록을 만들어 기록해두어야 줄여야 할 지출과 집중해야 할 지출에 대한 개념이 확실하게 잡혀 불필요한 소비가 줄어든다. 만족하는 소비에 집중하기 위해 후회되는 소비들을 경계하게 되기 때문이다.

한 달 가계부 피드백을 완료했다면 다음 달 예산을 정해야 한다. 세 달 치 가계부를 보고 계속해서 예산을 초과하는 카테고리는 과감하게 예산을 살짝 올려보는 것을 추천한다. 예를 들어, 식비 예산을 늘 30만 원으로 잡고 있는데 계속 40만 원 정도를 지출하고 있다면 과감하게 예산을 35만 원으로 조정하는 것이다. 이렇게 예산을 조금만 높이면 총지출이 예산 안으로 들어오는 경우가 많다.

예산 목표를 너무 높게 잡으면 예산을 초과했을 때 자포자기하며 완전히 포기해버리기 때문에 계속해서 소비가 줄지 않는다. 이럴 때 예산을 조금만 상향 조정하면 목표가 실현 가능하게 느껴져 목표 달성이 쉬워진다. 식비 예산을 35만 원으로 상향 조정해서 식비 지출이 안정적으로 35만 원 안으로 들어오면 그때 다시 예산을 30만 원으로 조정해 점차적으로 소비를 줄이는 것이 효과적이다.

또 다음 달 예산을 잡을 때 반드시 확인해야 할 것은 특별 이벤트다. 예를 들어, 나는 가족 경조사가 많은 달은 경조사비 예산을 높이고 쇼핑 예산을 그만큼 줄인다. 또 연말에 친구들 모임이 많은 달은 부부 각자의 용돈을 상향 조정하고 식비 예산을 낮춰 잡는다.

운전을 처음 배우는 사람은 일차선도로가 매우 좁게 느껴진다. 하지만 운전 경력이 쌓이고 운전이 익숙해질수록 똑같은 일차선도로가 굉장히 넓게 느껴지는 것을 모두 경험해보았을 것이다. 예산도 이와 같다. 처음에 예산 안에서 소비하는 생활을 시작하면 카테고리 하나하나의 예산이 매우 적게 느껴져 예산 안에서 소비하기 위해서는 매번 신경을 써야 한다.

하지만 시간이 지나 자신에게 꼭 맞는 예산을 찾고 익숙해지면 카테고리별 예산 하나하나가 충분하게 느껴지고 예산 안에서 계획적인 소비를 하면서 자유로움을 느낄 것이다.

가계부를 통해 소비를 잘 줄이는 사람들의 공통점

나는 처음으로 가계부 코칭을 시작하고 수강생들이 제출한 한 달 예산 목표를 보고 깜짝 놀랐다. 대부분의 수강생들이 의욕이 충만해 지난달 총지출에 비해 너무나 높은 예산 목표를 세웠던 것이다. 평균 20% 이상 지출을 줄이겠다는 목표를 잡았고, 몇 분은 기존보다 무려 30% 이상을 줄이겠다는 높은 목표를 적은 분도 있었다.

처음으로 절약을 실천하려는 사람들이 하는 큰 실수 중에 하나가 바로 이처럼 예산 목표를 너무 과도하게 잡는다는 것이다. 한 달 후 가계부 코칭이 마무리되었을 때 이처럼 예산 목표를 과하게 잡은 분들보다 실현 가능한 현실적인 예산 목표를 정한 분들이 훨씬 소비가 크게 줄어들었다. 예산 목표를 과하게 잡은 경우 한 번 과소비를 하고 나면 감정적으로 스트레스가 쌓여 '역시 내가 그렇지 뭐' 하면서 좌절에서 헤어나오기가 어렵기 때문이다.

그에 비해 유독 소비가 크게 줄어든 수강생들의 공통점은 실현 가능한 예산만이 아니었다. 그들은 매주 일주일 정산 때마다 일주일 동안 실천할 작은 목표들을 꼼꼼하게 세웠다.

'내일부터 이제 진짜 편의점에 절대 안 갈 거야!'라고 목표를 정하면 이 목표는 실패할 확률이 높다. 이미 우리 뇌는 '절대 하지 말아야지!'라는 말에 거부감을 느낀다. 청개구리처럼 자꾸만 더 편의점이 눈에 아른거리고 결국에는 충동에 못 이겨 편의점에 발을 들인다. 간식을 골라 계산대 앞에서 카드를 내밀며 그제야 의지력이 약한 자신을 비난하게 된다.

편의점 지출을 줄이고 싶다면 '기존에는 주 5회 방문하던 편의점을 이번 주는 주 3회만 방문해야지. 그리고 한 번 갈 때마다 딱 한 개씩만 구매해야지!'와 같이 실현 가능한 세부 목표를 정하는 편이 훨씬 도움이 된다.

식비를 절약해주는
6가지 스킬 총정리

신혼여행에서 돌아와 보냈던 신혼 첫 달 총 식비가 무려 100만 원을 넘었다. 데이트할 때처럼 외식과 배달 음식을 자주 먹은 탓이었다. 그래서 본격적으로 돈 관리를 시작하면서 가장 먼저 줄이려고 노력했던 부분이 바로 식비다. 현재도 일주일만 가계부를 소홀히 써도 식비가 늘어나서 항상 신경 쓰고 있다.

식비 절약의 기본 중의 기본은 집밥 해먹기, 대형 마트 안 가기, 외식과 배달 음식 안 먹기이다. 한 번씩은 들어본 식비 절약 방법인데 알면서도 참 실천이 어렵다. 그래서 이것들을 실천하기 쉽도록 하는 식비 절약 방법을 이야기해보려고 한다.

일주일 식단과 예산을 짜라

퇴근 후 지친 몸을 이끌고 집에 들어오면 '오늘 뭐 먹지?' 하는 지상 최대의 난제에 부딪힌다. 고민이 계속되면 결국 귀차니즘이 몰려오면서 배달 앱을 켜기 일쑤다. 이런 일을 방지하고 집밥을 자주 해먹기 위해서는 전략이 필요하다.

한 달 식비 예산을 일주일 단위로 쪼개고 일주일 예산에 맞춰 다음 주 식단을 미리 짜두는 것이다. 그렇게 미리 짜둔 식단을 가지고 주말에 몰아서 미리 장을 보고, 밑반찬은 미리 만들어두는 것이 좋다. 만약 자신이 요린이라 요리가 버거워 집밥 해먹는 것이 비현실적으로 느껴진다면 일주일 치 먹을 밑반찬은 반찬가게에서 사는 것도 아주 좋은 방법이다.

미리 식단을 짜두면 '오늘 뭐 먹지?'라고 고민할 필요 없이 바로 식단에 맞춰 식사가 가능하다. 자연스럽게 배달 음식과 외식이 줄어들고 식단 고민에 대한 스트레스도 없어진다.

예산에 맞는 식단을 짜는 것이 어렵다면 '욜로리아' 유튜브 채널에 업로드 되는 '만 원으로 장보기(https://www.youtube.com/channel/UC12BY9i1Lurqcvt-IZOpVvw)' 콘텐츠를 추천한다. 이 콘텐츠는 1만 원이라는 부담 없는 예산으로 만들 수 있는 된장찌개, 뭇국, 두부조림, 느타리버섯볶음 등 다양한 일주일 치 식단을 소개하고 있어 식단에 대한 고민을 말끔히 해결해준다.

하루 장보기 예산을 정하라

식비를 절약하는 방법은 정말 많다. 그중에서도 가장 대표적인 방법은 장보기 예산을 정하고 구매할 식재료를 미리 종이에 적어 마트에 방문하는 것이다. 하지만 같이 간 남편이 계획에 없던 맥주를 사달라고 하거나 아이가 있는 경우 간식을 사달라고 조르면 매번 안 된다고 하기도 곤란하다.

이럴 때는 장보기 전에 구입할 구체적인 식재료를 정하지 않고 하루 예산만 정해서 마트에 방문하는 것을 추천한다. '3만 원 이내로 장보기'나 '5만 원 이내로 장보기'처럼 구체적인 예산만 정하는 것이다. 이렇게 하면 예산 안에서 식재료를 자유롭게 구성할 수 있기 때문에 가족들이 먹고 싶은 식재료가 있다고 할 때 유연하게 대처할 수 있다. 물론 정해진 예산만큼만 장을 봐야 하기 때문에 장볼 때 계산기는 필수다.

이 방법은 그때그때 할인하는 품목이 다른 마트를 다닐 때도 유용하다. 같은 예산 안에서 세일하는 식재료 위주로 구입하면 좀 더 풍성하게 식탁을 차릴 수 있기 때문이다.

냉장고 지도를 만들어라

냉장고를 정리하다가 있는지도 몰랐던 오래된 식재료를 발견해서 버린 경험이 누구나 한 번씩은 있을 것이다. 식비 절약에 있어서 재고 관리는 무엇보다 중요하다. 오래돼서 버리는 식재료만 줄여도 식비를 절약할 수 있다.

식재료 재고 관리에 가장 효과적인 것은 '냉장고 지도'다. 어렵게 생각할 필요 없다. 냉장고에 들어 있는 식재료들을 종이에 적어서 냉장고 앞에 붙여두는 것이 바로 냉장고 지도다.

나는 집에 있는 식재료를 또 사지 않기 위해서 장보러 가기 전에 꼭 냉장고 앞에 붙여둔 냉장고 지도를 핸드폰으로 찍어간다. 또 식재료가 상해서 버리는 일을 방지하기 위해 오래된 식재료를 활용한 식단을 최우선으로 짠다.

여기서 꼭 조심해야 할 것이 있다. 냉동실에 들어간 식재료라고 방심해서는 안 된다는 것이다. 냉동식품에도 모두 유통기한이 있기 때문에 구입 후 최대한 빠르게 재고를 소진하도록 관리하고 있다. 완벽하고 꼼꼼하게 시작하려고 하면 실천이 늦어진다. 나는 흔히 구할 수 있는 포스트잇을 냉장실과 냉동실 앞에 한 장씩 붙여서 냉장고 지도로 사용하고 있다.

"냉장고는 가득 차 있는데 먹을 게 없어"라고 말하는 사람들을 위해 냉장고 지도에 냉장고 안의 식재료로 만들 수 있는 다양한 식단을 함께 적어두는 것을 추천한다. 퇴근 후 냉장고 지도에 적혀 있는 식단 중에 하나를 골라 요리하면 고민 없이 저녁을 해결할 수 있다. 냉장고 지도는 종이 한 장만 있으면 누구나 만들 수 있다. 결심만 하지 말고 지금 당장 만들어보자.

배달 음식과 외식 횟수에 제한을 두어라

우리 집 비고정지출 중 대부분을 차지하는 것이 바로 식비다. 그만큼 내가 가장 통제하기 어려워하는 생활비 카테고리가 바로 식비다. 어릴 적부터 "절대로 먹을 것은 아끼는 것 아니다"라는 부모님의 철학(?)을 주입식으로 듣고 자라서인지 음식 앞에서는 의지력이 약해진다.

그래서 식비만큼은 예산을 초과할 때가 많다. 더 문제가 되는 것은 식비 지출의 대부분을 차지하는 것이 배달 음식과 외식이라는 점이다. 똑같은 식비라 하더라도 건강한 식재료는 필요한 것이고, 이유 없는 배달 주문과 외식은 절제해야 하는 것이 맞다. 그래야 한정된 예산 안에서 영양가 있는 식재료로 식사할 수 있고 건강도 챙길 수 있다.

하지만 아무리 안 좋다는 것을 알아도 하루아침에 배달 음식과 외식을 끊는 것은 불가능하다. 그래서 나는 배달 음식 주문과 외식 횟수에 제한을 두었다. 무조건 끊는 것이 아니라 '일주일에 외식 ○번, 배달 음식 주문 ○번' 이렇게 횟수 제한을 둔 것이다. 또 남은 식비 예산에 따라 매주 횟수 제한 목표를 바꾸어준다.

나는 이 방법으로 신혼 초보다 식비를 50% 이상 줄였다. 이 방법은 완전히 끊는 것이 아니라 서서히 횟수를 줄이는 것이기 때문에 목표 달성 가능성이 높다. 처음부터 너무 과한 목표를 정하지 않고 단계적으로 줄여나가야 더욱더 효과적이다.

일주일에 배달을 다섯 번이나 시켜먹던 사람이 갑자기 '일주일에 배달 음식 한 번 먹기'라는 목표를 정하면 실패할 게 뻔하다. 우선 다섯 번에서 세 번으로 줄이고, 세 번이 익숙해지면 두 번으로, 두 번이 익숙해지면 한 번으로 차차 줄이면 된다.

성공 가능한 목표를 정해 성취감을 얻을 수 있도록 해야 한다. 그래서 나는 배달 음식 주문과 외식을 따로 떼어서 목표를 정한다. 둘 중에 하나만 성공하면 성공한 부분은 충분히 스스로에게 칭찬해주어 성취감을 얻고 잘못한 부분만 반성한다. 이렇게 외식과 배달 음식 주문에 횟수 제한을 두자 일주일에 한 번 하는 외식이 좀 더 특별하게 느껴져 자주 먹던 배달 음식도 새삼 더 맛있게 느껴졌다.

만약 배달 음식 주문과 외식이 잦은 가정이 아니라면 한 달 단위로 횟수 제한을 두는 것도 좋다. 또한 횟수 제한과 함께 외식 날짜를 정해두는 것도 큰 도움이 된다. 특히, 아이가 있는 가정은 아이들이 시도 때도 없이 배달 음식 주문과 외식을 원해서 갈등이 생길 수 있다.

이런 일을 방지하기 위해서 매달 아이들과 함께 외식, 배달 음식 주문 날짜를 정하는 것을 추천한다. 매달 날짜를 정해 외식하는 것이 가족의 규칙이 되면 아이들이 배달 음식을 시켜달라고 떼쓰는 일이 현저히 줄어들 것이다.

냉장고 파먹기와 식비 노머니데이를 실천하라

'냉장고 파먹기'는 일정 기간 식재료를 구입하지 않고 냉장고에 있는 식재료만으로 버티는 것을 말한다. 냉장고 파먹기를 하는 동안 식비 노머니데이를 보내는 것이다. 나는 월말이 되면 한 달 식비 예산을 오버하지 않기 위해 냉장고 파먹기로 식비 노머니데이를 실천하고 있다.

매주 일정하게 사용하면 좋겠지만 한 달을 며칠 남겨놓고 식비 예산이 떨어지는 경우가 많다. 이럴 때 '망했어' 하며 포기하지 말고 냉장고 파먹기로 버티는 것을 추천한다.

나는 냉장고 파먹기를 할 때만큼은 요일별로 꼼꼼하게 식단을 짜둔다. 요일별로 식단을 짜두지 않으면 의지가 약해지기 때문이다. 꼭 예산이 떨어질 때가 아니더라도 '일주일에 3일 이상은 냉장고 파먹기 하기'처럼 주마다 목표를 세워 식비를 절약하는 것도 좋다.

냉장고 파먹기를 할 때 주의할 점이 하나 있다. 없으면 없는 대로 있는 재료 안에서만 끼니를 해결해야 한다는 것이다. 즉, 절대로 추가 재료를 구입해서는 안 된다. 냉장고를 파먹다 보면 '당근 하나만…… 치즈 한 장만……' 이런 유혹에 빠지기 쉽다. 냉장고를 파먹기로 스스로와 약속한 기간 동안은 절대로 이런 유혹에 넘어가면 안 된다.

조금 부족해 보이는 요리일지라도 만족하며 식사해야 한다. 계속 냉장고 파먹기를 실천하다 보면 자신만의 신 메뉴를 발견하거나 조금씩 부족한 식재료로도 만족스러운 요리를 만드는 노하우가 생길 것이다. 참고로 나의 '호호양 노머니데이 브이로그(https://

youtu.be/EIcyFPwz04Y)를 추천한다.

도시락 싸기와 반찬 만들기로 밀프렙을 실행하라

물가 상승으로 직장인들의 점심값이 무시 못 할 수준이 되었다. 점심값은 아무리 저렴한 메뉴를 골라도 7,000원을 상회한다. 회사에서 점심이 제공되지 않는 직장인의 경우 일주일이면 약 4만 원 정도가 식비로 증발하는 것이다.

그래서 점심값을 절약하기 위해 도시락을 싸볼까 생각하는 사람은 많지만 바쁜 일상에 치여 실천하는 사람은 드물다. 이런 사람들에게 추천하고 싶은 것이 바로 밀프렙(meal prep)이다. 밀프렙은 식사(meal)와 준비(preparation)의 합성어로, 일정 기간의 식사를 미리 준비해놓고 끼니마다 꺼내 먹는 방법이다. 주로 주말에 일주일치 도시락이나 반찬을 몰아서 만들어두는 것이다. 밀프렙을 하면 영양소와 열량을 고려해 식단을 짤 수 있고, 규칙적으로 식사를 할 수 있어 건강에도 좋으면서 시간과 식비도 절약할 수 있는 좋은 전략이다.

주메뉴 두 가지와 밑반찬 세 가지 정도를 만들어두고 출근 전날이나 아침에 도시락 통에 입맛대로 골라 담으면 된다. 밀프렙을 저녁식사에 적용해도 된다. 매일 퇴근 후 지친 상태에서 뭐 먹을지 고민하는 것 자체가 스트레스라면 주말에 미리 일주일치 반찬들을 만들어 냉장고에 보관해두고 퇴근하고 돌아와 접시에 담아 데우기만 하면 그만이다.

  이처럼 일주일 먹을거리를 미리 준비해두면 하루하루 절제하려고 노력하지 않아도 준비 반찬들로 식사를 해결할 수 있기 때문에 보다 쉽게 식비 절약이 가능하다.

5장

재테크 한계를 뛰어넘어
자산을 레벨업하는 투자법

절약만으로는 재테크에 한계가 있다

평범한 직장인의 부수입 만드는 방법

부수입 만들기에 성공할 수 있었던 비결 3가지

돈 없을 때도 할 수 있는 재테크 방법이 있다!

첫 투자로 주식보다 부동산을 선호하는 이유

돈이 없을수록 부동산 공부를 해야 한다

이런 집은 절대 사지 마라!

첫 부동산 투자 실패에서 얻은 것

절약만으로는
재테크에 한계가 있다

재테크를 한 지 3년 차가 되었을 때 재테크 권태기가 찾아왔다. 몇 년간 꾸준히 소비 관리를 하다 보니 가계부를 들여다봐도 더 이상 아낄 만한 부분이 보이지 않아 가계부 쓰는 것이 지루해진 것이다. 그렇다고 평소 라이프 스타일까지 모두 포기하며 처음처럼 생활비를 극도로 아끼는 '초절약'을 계속하고 싶지는 않았다.

소득은 그대로인데 더 이상 절약할 부분이 없어 지출을 줄일 수 없으니 저축이 늘지 않는 것은 당연한 결과였다. 게다가 집을 매수하고 나서 더 이상 유동자금이 없어 투자 공부도 재미가 없어졌다. 기회는 너무 많이 보이는데 총알이 부족해 구경만 하고 있어야 하니 답답하게 느껴졌던 것이다. 이래저래 손발이 묶여 의욕이 사라졌던 시기였다.

그때 뼈저리게 느꼈던 것은 '절약에는 한계가 있구나! 절약만 해서는 내가 원하는 만큼 부를 이룰 수는 없겠구나!'라는 것이었다. 생활비를 100만 원 쓰는 월급쟁이가 소득을 200만 원에서 300만 원으로 늘리면 무려 저축이 2배로 늘어난다. 즉, 소비 수준을 그대로 유지한다면 수입이 늘어나는 만큼 저축이 늘어난다. 나는 나름대로 내 한계까지 지출을 줄였기 때문에 내가 더 빨리 부자가 되고 싶다면 부수입을 늘리거나 투자소득을 늘려야만 했다.

부수입 벌기, 리스크가 낮아서 선택하다

처음에는 부동산 경매를 본격적으로 해볼 생각이었다. 부동산만큼은 누구보다 감이 좋다고 자부했다. 그래서 신혼 초에는 여러 부동산 강의를 쫓아다녔다. 하지만 첫 번째 집을 매수하면서 여러 가지 시행착오를 겪고 난 후에 이 일을 업으로 삼고 싶지 않다는 결론을 내렸다.

내가 좋아하는 유명 부동산 투자자는 늘 "부동산 투자는 사람이다"라는 말을 강조했다. 하지만 한 번도 부동산 거래를 해보지 않았던 나는 그 말을 이해하지 못했다. 나는 부동산 투자를 잘하기 위해서는 부동산 흐름을 잘 읽고 분석만 잘하면 된다고 생각했다.

하지만 직접 부딪혀보니 부동산 투자는 사람 간의 이해관계를 해결하는 일이었다. 그러다 보니 아무리 피하고 싶어도 자꾸만 트러블에 휘말리게 되었다. 사람은 '돈' 앞에서 모두 예민해지고 조금도 피해보고 싶지 않다는 이기심으로 똘똘 뭉쳐진다는 사실을 새삼 깨닫게 되었다. 나는 그런 내 모습이 싫었다. 그래서 잠시 경매 공부를 미뤄두고 부동산은 내 집 마련 투자에만 집중했다.

부동산 투자를 배제하고 부수입과 투자소득 중 무엇을 늘리는 것이 쉬울까 고민해보았다. 투자소득의 경우 주식이나 금융 상품 등 다양한 소액 투자 방법을 조금만 공부하면 매달 대출 상환을 하던 돈으로 당장 투자에 도전해볼 수 있을 것 같았다.

하지만 우리 집의 경우 매달 내는 이자를 조금이라도 줄이기 위해 돈이 생기는 족족 대출 상환을 하고 있었기 때문에 수입을 늘리기 위해서는 투자 수익률이 반드시 대출 이자보다 높아야 했다. 하이 리스크 하이 리턴이다. 수익률이 높은 투자는 그만큼 높은 리스크가 따라붙는다.

그러나 나는 역시나 돈을 잃을 수 있다는 가능성이 두려웠다. 반면에 부수입이나 자기계발을 통해 소득을 높이는 것은 지금 당장 열심히 노력한다고 해서 바로 성과가 나온다는 보장은 없었지만 무자본으로 시도해볼 만한 일들이 많아 보였다. 금전적인 리스크 없이 내 시간만 투자하면 되는 일이 대부분이었다. 그래서 리스크가 낮은 부수입 늘리기에 집중해보기로 했다.

시행착오를 반복하며 내가 깨달은 것

사실 결혼 전부터 소득을 높이기 위해 부업을 이것저것 시도하고 있었는데 이것 또한 모두 나에게 맞지 않아 그만두었다. 처음으로 시도했던 것은 블로그였다. 블로그를 키워서 체험단으로 생활비를 줄이거나 내가 좋아하는 인테리어 소품을 판매하는 마켓을 운영해보려고 했다. 나름 분석해서 네이버 메인에 내 글이 몇 번 오르기도 했다.

하지만 문제는 인테리어 소품을 판매하기 위해서는 인테리어에 대한 정보를 블로그에 자주 기록해야 했는데 내가 소비를 좋아하지 않아 딱히 기록할 볼거리가 없었다. 게다가 인테리어에 관심은 많지만 객관적으로 평가했을 때 내가 집을 꾸미고 사진을 찍는 것을 남들보다 잘한다는 생각이 들지 않았다. 결국 블로그를 키워 놓고도 체험단만 몇 번 하다가 그만두었다.

그와 함께 부업을 위해 시도한 것은 앱테크와 설문조사였다. '앱테크'는 여러 가지 쇼핑 앱을 깔아 매일 출석 체크 이벤트나 쿠폰 이벤트 등을 꼼꼼하게 참여해 생활비를 몇 푼이라도 절약하는 방법이다. 하지만 6개월 이상 했는데 투자하는 시간 대비 결과가 너무 소소했다. 하루에 30분 이상 투자해서 한 달에 2만 원에서 3만 원 정도 절약하는 수준이었다.

내가 앱테크를 그만둔 결정적인 원인은 매일 잘하다가 하루만 출석 체크를 못 하면 지금까지 꾸준히 해온 노력이 모두 물거품이 되었기 때문이다. 하루 출석 체크를 안 해서 손해 보는 돈은 전부 다 합쳐도 1만 원도 되지 않는 데도 불구하고 이런 실수를 할 때마다 내 자존감은 바닥을 찍었다. 하루 종일 나 자신이 한심하게 느껴

호호양의 미니멀 재테크

져서 기분이 좋지 않았고 결국 나의 정신건강을 위해 그만두었다.

'설문조사'는 설문조사 사이트에서 조사에 참여하고 받는 포인트를 현금이나 상품권으로 받는 것이다. 설문조사의 경우 앱테크와 달리 통장에 현금이 입금되어 돈을 번다는 느낌이 강했다. 하지만 건당 높은 포인트를 주는 조사는 인원수가 한정되어 있어 경쟁이 치열해 포인트 쌓기가 쉽지 않았다. 소소하게 푼돈을 버는 재미는 있었지만 만족할 만한 수입은 아니었다.

유튜브, 정말 우연히 시작하다!

신혼 초에는 내 집을 마련하고 싶다는 마음이 간절했다면, 신혼 2년 차부터는 돈을 더 벌고 싶다는 마음이 간절했다. 소득을 늘려 더 빨리 자산을 불리고 싶었다. 돈을 더 벌고 싶다는 마음이 간절했지만 과외를 그만두고 직장생활을 시작하면서 시간은 더 없어졌다.

그러다 우연히 시작한 것이 유튜브다. 나는 TV에 나오는 뷰티 유튜버들을 보면서 가르치고 있던 학생들에게 대학에 가면 꼭 유튜브를 하라고 권유해왔다. 점점 블로그에서 유튜브로 넘어갈 것이라 생각했기 때문이다.

나의 대학교 시절을 떠올려보면 블로그를 꾸준히 운영한 친구들은 확실히 다른 친구들보다 유리한 위치에서 사회생활을 시작했다. 그래서 학생들에게도 대학에 가면 꼭 유튜브를 하라고 권유한 것이다.

이렇게 많은 학생들에게 추천했지만 막상 내 핸드폰에는 유튜브 앱조차 깔려 있지 않았다. 남편이 유튜브를 보면 옆에서 곁눈질로 보는 정도였다. 내가 본격적으로 유튜브에 관심을 가지기 시작한 것은 2018년 초이다.

10년 넘게 하던 과외를 그만두고 직장생활을 시작했을 때다. 과외를 하다가 직장생활을 시작하니까 규칙적인 생활을 할 수 있어서 여가 시간이 늘어났다.

하지만 한편으로는 반복되는 일상이 무료해지기 시작했다. 또한 혼자 모든 것을 주도해서 결정할 수 있었던 과외 선생님과 달리 회사 안에서는 무엇이든 상사가 요구하는 방향으로 결과물을 내야 한다는 사실이 나를 답답하고 무기력하게 했다. 과외를 할 때는 전혀 몰랐던 일에 대한 스트레스가 극심했던 시기였다.

그때 남편의 권유로 보기 시작한 것이 유튜브 브이로그 채널이었다. 이제 막 직장인 브이로그 채널들이 등장하고 인기를 얻을 때였다. 한두 달 정도 열심히 영상을 소비하며 유튜브를 통해 돈을 벌 수 있다는 사실도 처음으로 알게 되었다. 내가 주말마다 유튜브 영상을 보자 남편이 취미 삼아 한 번 해보라고 추천했다.

처음에는 컴맹인 내가 동영상 편집을 어떻게 하냐고 단번에 거절했다. 그러던 중 한번 알아나 보자 싶어서 내가 좋아하는 브이로그 채널 유튜버가 어떤 장비로 촬영하고 편집하는지 검색해보았다. 그런데 놀랍게도 핸드폰 하나로 촬영과 편집을 모두 해결한다는 사실을 알게 되었다.

그날 당장 그 유튜버가 적어둔 편집 앱을 다운받고 남편과 데이트하는 영상을 찍어 1시간 만에 편집해 유튜브에 업로드했다. 연출도 없고 자막도 없고 그냥 컷 편집만 한 영상, 그게 내 생애 첫 번째 유튜브 영상이었다. 그때는 섬네일(thumbnail), 채널아트 이런 게 뭔지도 몰랐다.

그래도 블로그를 할 때 키워드와 태그에 대해 공부했던 것이 도움이 되었는지 예상보다 많은 사람들이 내 첫 영상을 보았다. 하찮은 내 영상을 누군가가 봐주는 게 너무 재미있었다. 회사에서는 상사가 시키는 대로 결과물을 만들어내야 했지만 유튜브 영상만큼은 내 맘대로 편집할 수 있다는 점이 너무 마음에 들었다. 영상을 만들면서 회사 스트레스를 극복했다.

이렇게 우연하게 시작한 브이로그 채널을 6개월 정도 운영했다. 처음에는 우연하게 시작했지만 운영하면서 수익화했으면 좋겠다고 내심 바랐다. 그러나 브이로그 채널은 보기 좋게 실패했다. 6개월을 운영했지만 구독자 수가 겨우 200명대에 머물렀다.

내가 분석하기로는 블로그와 같은 문제였다. 결국 브이로그에도 상품이나 장소 등 다양한 볼거리가 필요했다. 볼거리가 없다면 뷰티나 패션 등의 유용한 정보를 시청자에게 제공해야 하는데 그 또한 소비를 좋아하지 않는 내 취향과 거리가 멀었다. 블로그와 브이로그 채널 운영에 실패하고 나서 나는 수익을 내기 위해서는 내가 좋아하는 것보다 내가 잘하는 것에 집중해야 한다는 결론을 내렸다.

재테크 채널로 월 100만 원의 수익을 내다

'내가 잘하는 것이 무엇일까?'

'물건을 팔 수 없다면 내가 팔 수 있는 것은 무엇일까?'

'내가 남들에게 도움이 될 수 있는 것은 무엇일까?'

처음에는 마냥 막연하게만 느껴졌다. 한 번도 내가 아이들을 가르치는 일 이외에 무엇인가를 잘한다고 생각한 적이 없었다. 그때 한 TV 방송에 나온 유튜버가 한 말이 큰 도움이 되었다.

"남들이 나에게 많이 질문하는 것이 무엇인지 생각해봐라. 그게 자신이 남들보다 잘하는 것이다." 이 질문으로 답이 나왔다. 내가 유일하게 지인들에게 많이 받는 질문은 "어떻게 재테크를 했어?", "재테크 책 좀 추천해줘", "부동산 알아볼 때 어떻게 해야 해?" 등 재테크에 관련된 것들이었다.

그래서 친구들이 궁금해하거나 내가 재테크를 처음 시작할 때 궁금했던 점을 영상으로 만들었다. 브이로그 채널을 실패해본 경험이 있었기 때문에 크게 기대하지 않았다. 하지만 단 한 명에게라도 도움이 된다면 설령 수익이 나지 않더라도 기쁠 것 같았다. 그렇게 시작한 것이 바로 '미니멀 재테크 호호양' 채널이다.

나는 항상 '한 달에 단돈 30만 원만 더 벌었으면 좋겠다'라는 생각으로 여러 가지 부업을 시도했다. 경매를 공부했던 이유도 한 달에 임대소득으로 30만 원만 들어왔으면 좋겠다는 생각에서였다. 유튜브 또한 처음 광고 승인이 났을 때 딱 한 달에 30만 원만 꾸준히 들어왔으면 좋겠다고 생각했다.

현재는 유튜브 광고 수입만 30만 원 이상 꾸준히 들어오고 있고, 협업을 할 경우에는 본업 수입을 거뜬히 뛰어넘을 때도 많았다. 게다가 유튜브를 통해 강연 제의, 출연 제의, 출간 제의 등 다양한 기회를 만나게 되었고, 직접 구독자분들을 대상으로 재테크 강의도 모집할 수 있었다. 월에 30만 원만 더 벌었으면 좋겠다는 마음으로 시작한 부업이 이제 본업이나 다름없게 되었다.

'더 벌기'를 통해 재테크 레벨을 퀀텀 점프하라

나도 인정하고 싶지 않았지만 절약에는 분명히 한계가 있다. 내가 이 이야기를 꼭 책에 담고 싶었던 이유는 재테크라 하면 절약이나 투자 수입을 늘리는 방법만 생각하는 경우가 대부분이기 때문이다. 다들 더 빨리 부자가 되고 싶어 재테크에 관심을 가지기 시작하지만 사실 투자로 일정하게 고수익을 내는 것은 만만치 않은 일이다.

'더 벌기'에 투자소득 늘리기만 있는 것은 아니다. 만약 투자에 자신이 없다면 다양한 방법으로 수입을 늘리거나 내 몸값을 높이는 것도 최고의 재테크 방법이 될 수 있다. 특히, 소득이 적은 사회 초년생이라면 반드시 돈 관리를 하면서 수입을 늘릴 수 있는 방법을 함께 연구해야 한다. 결혼하기 전 부모님과 함께 살고 있는 시기가 자기계발에 투자하기 좋은 황금기다.

소득이 적을수록 적극적으로 자기계발에 투자를 해 수입을 늘려야 한다. 요즘 같은 인터넷 세상에는 질 좋은 부수입 정보들이 많아 누구나 시도해볼 수 있다. 게다가 워낙 부수입을 만들 수 있는 방법이 많다 보니 그 안에서 자신에게 맞는 방법을 선택해서 시도할 수 있다. 수입이 늘어나면 종잣돈이 불어나는 속도가 빨라지는 것은 물론이고 잉여자금이 늘어 다양한 투자를 시도하는 것도 가능하다.

어렵다는 핑계로 포기하지 말고 투자소득이든, 근로소득이든, 부수입이든, '더 벌기' 위해 이것저것 시도하다 보면 길이 보이고 성과가 나올 것이다. 만약 오랜 시간 노력했는데 성과가 나오지 않는다고 하더라도 괜찮다. 시도하고 포기하고 실패하는 과정 안에서 분명히 성장할 것이기에 그 시간이 아깝지 않을 것이다.

평범한 직장인의
부수입 만드는 방법

몸값 올리기 vs 부수입 만들기

수입을 늘리는 방법은 크게 두 가지가 있다. 현재 가지고 있는 본업에 집중해 연봉을 높이거나, 새로운 부업을 시작해 투잡으로 발전시키는 것이다. 나도 이 두 가지 방법을 놓고 오랫동안 고민을 했다.

과외교사를 10년 넘게 하며 노동하는 만큼만 수입이 늘어나는 직업에 한계를 느꼈다. 일하는 시간을 늘리는 것이 아니라면 스스로의 가치를 높게 잡고 과외 소개가 들어올 때마다 과외비를 올려야 했는데 내 성격상 쉽지가 않았다. 소개해주시는 분과 소개받는 분에게 다른 과외비를 제시하는 것이 어려웠던 탓이다.

30대가 되면서 과외 소개가 들어와도 일하는 시간을 더 이상 늘릴 수가 없어 계속 거절하는 일이 생겼다. 또 아이들을 위해서도 수업이 끝난 후에 과제를 해결하고 갈 수 있는 공간이 있으면 좋겠다고 생각했다.

하지만 문제는 자본금이었다. 과외방을 열거나 학원을 개업하려면 자본금이 필요했다. 결혼한 후에는 제대로 돈 관리를 하고 있었기 때문에 마음만 먹는다면 자본금을 마련하는 일이 그렇게 어렵지만은 않았다. 하지만 역시나 리스크의 문제가 있었다.

나는 정말로 잃는 것을 좋아하지 않는다. 큰 수익을 위해 크게 베팅하기보다는 비록 수익이 적더라도 분명하거나 안전한 투자를 좋아한다. 공부방 창업이 분명하게 무조건 성공한다는 확신이 있었다면 시작했을지도 모른다. 하지만 몇 천만 원 규모의 창업비를 감당할 만큼 자신이 있지 않았다.

무엇보다 내가 어릴 때 잠시 자영업에 종사했던 부모님을 봤기 때문에 많은 자본금이 들어가는 장사가 얼마나 부담이 큰지 너무나 잘 알고 있었다. 그래서 나는 무자본으로, 내 몸뚱이 하나로 할 수 있는 일을 찾아 하나하나 시도했다. 그리고 유튜브로 성과를 냈을 때 평범한 직장인이 부수입을 만드는 쉽고 단순한 공식을 알게 되었다.

부수입 창출 1단계: 내가 잘하는 것을 찾는다

부업에 대해 이야기할 때 '좋아하는 것을 해야 한다'와 '잘하는 것을 해야 한다'로 크게 두 가지 주장으로 나뉘어 사람마다 의견이 분분하다. 나는 잘하는 것을 해야 성과가 좋다는 입장이다. 사람들은 어떤 물건이나 사람에게 돈을 지불할까? 사람들은 나의 문제를 해결해주는 물건이나 사람에게 기꺼이 돈을 지불한다.

때문에 남이 나에게 돈을 지불할 만큼 내가 잘하는 것을 찾아야 한다. 잘하는 것이 아무것도 없다는 생각은 우선 고이 접어두자. '나도 무언가 잘하는 것이 있을 거야'라는 희망을 가지고 접근하는 것이 좋다.

1등이 아니라 반에서 10등 안에 드는 것을 찾아라!

'잘하는 것'이라는 게 전문가를 의미하는 것은 아니다. 반에서 꼴찌 하는 친구는 전교 1등의 공부 방법이 궁금하지 않을 것이다. 오히려 얼마 전까지만 해도 나랑 성적이 비슷했는데 갑자기 반에서 15등 한 친구의 이야기가 더 듣고 싶을 것이 분명하다.

즉, 자신이 잘하는 것을 찾을 때 꼭 전교에서 1등을 할 만한 재능이나 능력을 찾을 필요는 없다는 이야기다. 사람들은 천재들의 이야기에 공감하지 못한다. 오히려 '이것만큼은 내가 반에서 10등 안에 들 수 있을 것 같다'라고 생각되는 것 정도면 괜찮다. 나도 처음 재테크 채널을 시작하고 이메일로 여러 강의 제안이 들어왔을 때는 내가 누군가에게 강의할 군번이 되나 싶어서 몇 번이나 거절했다.

하지만 자꾸 요청이 들어와 결국 용기를 내어 직접 강의를 열어 수강생들을 만나 이야기를 들어보니 오히려 나처럼 최근에 재테크로 성장한 사람의 이야기를 직접 들을 수 있어 너무 좋았다는 피드백을 받았다. 사람들은 누구나 성공담을 듣고 싶어 한다. 사람들은 페이스북 CEO 마크 저커버그나 알리바바 마윈의 성공담보다는 나와 비슷했던 사람이 성장한 이야기에 공감한다. 희망을 보고 싶기 때문이다. 나와 비슷한 조건의 사람이 성장한 이야기를 듣고 '나도 할 수 있다'는 동기부여를 받고 싶은 것이다.

내가 잘하는 주제를 찾는 방법 2가지

내가 잘하는 것이 무엇인지 찾을 때 내게 가장 도움이 되었던 것은 앞서 이야기했던 '남들이 나에게 많이 질문하는 것이 무엇인가?'라는 질문이었다. 이 질문에도 딱히 떠오르는 것이 없다면 지인에게 직접 물어보는 것도 도움이 된다.

나 또한 한 번도 내가 재테크를 잘한다고 생각한 적이 없었다. 오히려 남들이 옆에서 늘 나에게 재테크를 잘한다고 이야기해주었다. 대학교 때부터 친구들이 재테크만큼은 유경이가 제일 잘 안다고 이야기하는 경우가 많았다. 하지만 나는 늘 다른 친구들보다 절약도 잘 못하고 돈 관리를 못하는 나에게 재테크를 잘한다고 하니 의아했다.

부동산 공부를 할 때는 그래도 부동산은 좀 잘한다고 스스로 생각했지만 경매 공부를 그만두었을 때 역시 '나는 역시 잘하는 게 없구나!'라고 다시 생각했다.

212

하지만 남편과 지인들이 내가 재테크 이야기를 하면 정말 강사를 해도 되겠다고 계속 이야기해주었고, 점점 나에게 재테크 조언을 구하거나 부동산 조언을 구하는 사람들이 많아졌다. 이처럼 내가 잘하는 것을 남들이 먼저 알아주는 경우도 있다.

또 한 가지 도움이 되었던 것은 마인드맵이다. 나를 가운데 적어두고 내가 지금까지 경험한 것들, 그 경험을 통해 내가 남들보다 잘하게 된 것, 내가 가진 남들과는 다른 스토리, 그 스토리를 통해 얻은 나만의 장점 등을 적었다.

나는 마인드맵을 적으며 내가 잘하는 사소한 것들을 많이 발견했다. 과외교사와 학원 일을 하면서 나는 무엇인가를 쉽게 풀어서 가르치는 일을 잘한다는 것을 알게 되었다.

또한 블로그를 하면서 포털사이트 메인에 네 번 이상 글을 띄우는 경험을 통해 나는 여러 가지 정보들을 취합해 분석하는 일을 잘한다는 사실을 깨달았다. 부동산 공부를 하면서 나는 좋은 정보와 안 좋은 정보를 구분하는 것을 잘한다는 점도 알게 되었다.

이처럼 정말 사소한 것들이어도 좋다. 꼭 특출나게 잘하는 것이 아니어도 좋다. 전교에서 내가 제일 잘하는 것을 찾으라고 하면 누구나 나는 잘하는 것이 없다고 할 것이다. 하지만 반에서 10등 안에 드는 것을 떠올려보라고 하면 몇 가지 정도는 떠오르는 게 있기 마련이다.

부수입 창출 2단계: 플랫폼을 통해 나를 알려라

내가 잘하는 것을 찾았다면 그다음은 나를 알려야 한다. "저기요, 여기 평범한 회사원인데 남들보다 글씨는 진짜 잘 쓰는 사람 있어요", "저기요, 지금은 아기 낳고 집에서 쉬고 있지만 예전에 웹디자인 일을 하던 주부가 있어요" 등등 남들에게 이런 것 잘하는 사람이 여기에 있다고 세상에 나를 알리는 것이다. 남들이 이런 나를 자발적으로 소문을 내주면 참 좋겠지만 그런 행운은 일어나지 않는다. 최대한 많은 사람들에게 스스로 나 자신을 알려야 한다.

다행히도 요즘에는 스스로 자신을 알릴 수 있는 다양한 SNS 플랫폼이 발달되어 있다. 블로그, 인스타그램, 유튜브, 브런치 등 어떤 것이어도 좋다. 내가 잘하는 것에 대해 꾸준히 글을 쓰거나, 사진을 찍거나, 동영상을 찍어 플랫폼에 업로드하는 것부터 시작하면 된다. 내가 알리려는 것에 따라서 더 효과적인 플랫폼이 있기는 하지만 처음에는 복잡하게 생각하지 말고 원래 사용하던 것이나 꾸준히 할 자신이 있는 것을 고르는 것이 좋다.

여기서 가장 중요한 것은 같은 주제의 콘텐츠를 '꾸준히' 올리는 것이다. 자주 꾸준히 올리는 것이 가장 좋겠지만 자신이 없다면 일주일에 한 번 이상 꾸준히 주기적으로 올리는 것을 추천한다. 어떤 플랫폼이든 올렸다 안 올렸다 하는 것보다는 일정하게 꾸준히 업로드하는 편이 노출에 도움이 된다.

이렇게 한 주제로 꾸준히 콘텐츠를 만들어 나를 알리다 보면 나를 알아주는 사람들이 생긴다. 그 후에는 나를 알아주는 사람들에게 물건을 판매하거나 지식을 팔거나 때로는 협업이나 출판 제안 등의 기회가 생길 수도 있다.

나는 부수입 만드는 방법을 깨닫고 남편에게 그대로 적용해 실험을 해봤다. 진짜로 이 두 가지면 누구나 수입을 낼 수 있는지 궁금했던 것이다.

그래서 1단계로 남편이 잘하는 것을 찾았다. 남편은 지금까지 자신이 좋아하는 것으로 부수입을 만들기 위해 노력해왔다. 남편은 어릴 때부터 게임을 만들어 출시하는 것이 꿈이었다. 실제로 우연히 게임 커뮤니티를 통해 알게 된 지인과 함께 협업해 인디 게임 제작에 참여해 부수입을 번 적도 있다. 하지만 결혼 후 1인 개발을 하겠다고 한 후로는 4년째 늘 남편의 새해 목표는 게임 출시이다.

게임을 만드는 것은 남편이 좋아하는 것이다. 하지만 게임 개발은 시간과 에너지가 너무 많이 필요해 직장인인 남편이 수익화하기에는 무리가 있어 보였다. 나는 좋아하는 것을 잠시 내려놓고 잘하는 것을 해보라고 권했다.

제3자로서 내가 보기에 남편이 잘하는 것은 그림을 그리는 것이다. 인디 게임 제작에 참여했을 때도 그래픽 디자인을 담당했다. 남편이 인디 게임 제작 때 그렸던 것은 작은 점으로 그린 픽셀아트였다.

이렇게 잘하는 것이 무엇인지 알았으니 어떻게 하면 효과적으로 알릴 수 있을지 고민했다. 픽셀아트는 단순한 그림이기 때문에 사진보다는 동영상이 효과적이라고 생각해 유튜브 채널을 운영해보기로 했다.

찾아보니 같은 주제의 콘텐츠가 해외에서 성공한 사례가 있었다. 회사원이기 때문에 자주 업로드하는 것은 무리가 있다고 판단해 일주일에 딱 한 개의 영상만 업로드하기로 했다. 유튜브 조회수로 수익을 기대했던 것은 아니었다. 유튜브 채널을 활용해 픽셀아트를 잘 그리는 남편의 포트폴리오를 만들어주고 싶었다. 그래서 기회가 된다면 또 인디 게임 그래픽 제작에 참여할 수 있지 않을까 기대했던 것이다.

그런데 생각지 못한 곳에서 성과가 났다. 유튜브를 시작하고 3개월 정도 지났을 때 출판사에서 어린이를 위한 픽셀아트 컬러링북을 내보자는 제안이 온 것이다. 구독자가 20명에 불과했었는데 말이다. 남편은 이메일을 받고 사기인지 아닌지를 심각하게 고민했을 정도로 생각지도 못한 제안이었다.

계약서에 도장을 찍고 몇 개월 뒤에 남편의 책이 세상에 나왔다. 책 반응이 괜찮아서 시리즈로 두 번째 책까지 출간했다. 내가 알게 된 부수입을 만드는 방법을 적용해 평범한 회사원이 6개월도 안 돼서 선인세로 100만 원을 벌었다.

잘하는 게 없다면 2단계부터 시작하라

아무리 냉정하게 생각해봐도 반에서 10등을 할 만한 잘하는 것을 찾지 못하겠는가? 그럼 2단계부터 시작하면 된다. 우선 SNS 플랫폼부터 관리를 해두는 것이다. 부수입 만들기에 있어서 SNS 플랫폼 관리는 필수다. 어떤 물건이나 지식을 팔기 위해서는 나를 알릴 창구가 필요한데 이게 바로 SNS라 생각하면 된다. 확성기 역할을 하는 것이다. 아무것도 몰라서 시작조차 못하겠다면 우선 블로그나 인스타그램 등 SNS 강의를 듣는 것도 좋다.

아무리 잘하는 것이 있어도 SNS를 전혀 다룰 줄 모른다면 세상에 나를 알릴 수 없기 때문에 미리 대비해둔다고 생각하면 된다. 나 또한 앞서 말했듯이 미리 블로그와 유튜브를 다뤄본 경험이 있었기 때문에 재테크 유튜브 채널을 빠르게 키울 수 있었다. 이렇게 한 번 채널을 키워본 경험이 있어서 나는 이제 모든 SNS 채널을 보다 쉽게 키울 수 있게 되었다.

실제로 강의 홍보를 위해 새롭게 시작한 인스타그램은 3개월 만에 팔로워 1,000명을 달성했다. 오랫동안 쉬다가 다시 시작한 블로그도 예전보다 훨씬 수월하게 관리하고 있다. 잘하는 것을 찾는 동안 미리 SNS 키우는 방법을 익혀두자. 분명히 잘하는 것을 찾았을 때 효자 노릇을 할 것이다.

다양한 플랫폼이 직업을 만들어주는 시대

대학교 때부터 내 꿈은 '강사'였다. 대학교 때 우연히 알게 된 김미경 강사님을 보고 강사가 되고 싶었다. 그런데 아무런 경력이 없는 내가 강사를 시작할 수 있는 방법은 없었다. 나는 어디서든 누군가를 가르치고 동기부여해주는 일이면 괜찮다고 생각했다. 그래서 오랜 시간 아이들을 가르쳤다. 그렇게 눈에 띄지 않는 곳에서 소소하게 일대일로 아이들을 가르치고 있던 나를 재테크 강사로 만들어준 것은 다름 아닌 유튜브이다.

사실 처음부터 의도한 것은 아니었다. 처음에는 그냥 단순히 예전의 나처럼 재테크를 어떻게 시작해야 하나 막막한 사람들에게 쉽게 접근할 수 있는 재테크 방법들을 전달하고 싶었다. 운이 좋아 잘된다면 재테크 초보들을 대상으로 가계부 코칭을 해주고 싶었다.

채널을 운영한 지 몇 개월쯤 지났을 때 내가 올린 영상을 비판하는 영상이 하나 올라왔다. 그런데 그 영상을 업로드한 유튜버가 나를 '재테크 강사'라고 소개했다. 나는 너무 좋아서 소리를 지를 뻔했다. 아무런 경력도 자격증도 없는 내가 '재테크 강사'라 불리는 사람이 된 것이다. 유튜브가 나를 재테크 강사로 만들어주었다.

나는 유튜브를 하며 플랫폼에 대한 이해가 깊어졌다. 그래서 책을 내고 싶다는 생각이 들었을 때도 무작정 출판사의 문을 두드리기 전에 플랫폼을 활용해보기로 했다. 내가 책을 내기 위해 활용한 플랫폼은 다음 '브런치'다. 브런치는 검색 포털 다음에서 만든 블로그와 비슷한 플랫폼인데 조금 다른 점이 있다면 작가 신청에 통과한 사람만 글을 발행할 수 있다는 것이다.

블로그보다 한 단계 진입 장벽이 높다. 플랫폼에서 진행하는 자체 심사를 통과한 사람만 글을 발행할 수 있어 블로그보다 양질의 글이 많은 편이다. 그러다 보니 출판사 편집자들이 모니터링을 많이 하는 대표적인 플랫폼이라는 이야기를 듣게 되었다. 실제로 브런치 작가 중에 책 출간에 성공한 사람이 정말 많았다.

그래서 나는 브런치 작가 신청을 하고 승인이 된 후 유튜브에 업로드했던 영상을 글로 재편집해 브런치에서 발행하기 시작했다. 브런치에 세 개의 글을 발행했을 때부터 유튜브를 1년 정도 운영하면서는 한 번도 받지 못했던 출간 제의를 다양한 출판사로부터 받게 되었다. 그리고 이렇게 책을 낼 수 있게 되었다. 브런치가 나를 작가로 만들어주었다.

나는 태생부터 SNS를 귀찮아하는 사람이다. 청소년 시절부터 버디버디, 지니 등 메신저도 즐겨하지 않는 편이었고, 대학교 때 붐이었던 싸이월드도 닫아두기 일쑤였다. 페이스북, 인스타그램도 가입만 해두고 가끔 들어가 친구들 피드만 보곤 했다.

그랬던 내가 인스타그램, 블로그를 모두 적극적으로 관리하고 있다. 유튜브를 시작하고도 1년이나 지나서야 시작한 것이다. 막상 해보니 미리 관리했으면 참 좋았을 텐데 하며 후회했다. 여전히 SNS가 익숙하지 않은 나는 여러 플랫폼을 관리하는 것이 어렵게 느껴지지만 각 플랫폼마다 장단점이 있기 때문에 나를 효과적으로 알리기 위해서는 최대한 많은 플랫폼을 활용하는 것이 좋다는 결론을 내렸다. 부수입을 내고 싶다면 SNS는 더 이상 선택이 아니라 필수다.

부수입 만들기에
성공할 수 있었던 비결 3가지

실패 부담이 없는 무자본에만 도전한다

내가 직장을 다니면서 성공적으로 부수입을 만들 수 있었던 첫 번째 이유는 무자본으로 할 수 있는 일만 시도했기 때문이다. 요즘에는 부수입에 대한 정보가 넘쳐난다. 유튜브에 '부수입'이라고만 검색해봐도 부수입을 만드는 구체적인 방법이나 경험에 대한 양질의 정보를 얻을 수 있다.

최소한의 시간으로 자본금 없이 시작할 수 있는 부수입 만드는 방법이 정말 많다. 나는 그중에서 내가 할 수 있는 아주 쉬운 것들만 찾아 꾸준히 시도했다. 블로그를 운영하고 유튜브를 꾸준히 운영하는 일이 번거롭고 귀찮게 느껴질 때도 많았다. 하지만 자본금이 안 들어갔으니 지금 당장 수익이 나지 않아도 손해 볼 것 없다는 가벼운 마음으로 임할 수 있었다.

내가 만약 조금이라도 자본금이 들어가는 부수입에 도전했다면 실패할 때마다 심리적, 금전적 타격이 매우 커서 부수입 만드는 것을 완전히 포기해버렸을지도 모른다. 하지만 나는 잃는 것이 두려웠기 때문에 무자본으로, 내 몸뚱이 하나만으로 할 수 있는 일에 관심을 가졌고, 덕분에 몇 번이고 실패했지만 다시 일어서서 또 다른 도전을 할 수 있었다.

지속 가능하도록 에너지의 70%만 쏟는다

또한 내가 부수입 만들기 도전 4년 만에 성과를 낼 수 있었던 두 번째 이유는 내가 가진 에너지가 100%이라면 늘 70%까지만 에너지를 쏟았기 때문이다. 자신이 가진 모든 에너지를 쏟는다고 해도 성공할까 말까 한 부수입 만들기에 에너지 중 70%만 쏟은 게 성공 비결이라니. 아마 의아해하는 사람들이 많을 것이다.

나는 직장을 다니면서 부수입 만들기에 성공하기 위해서는 성과가 나올 때까지 포기하지 않고 계속해서 시도하는 '꾸준함'이 그 무엇보다도 중요하다고 생각한다. 초반에 의욕만 넘쳐서 내가 가진 모든 에너지를 쏟아붓다가 지쳐 곧 나가떨어지느니 차라리 적당히라도 멈추지 않고 꾸준히 하는 편이 좋다.

바로 성과가 나오지 않는 일에 매번 100%의 에너지를 쏟을 수 있는 사람은 별로 없기 때문이다. 매번 100%의 에너지를 쏟아붓다가 성과가 빨리 나오지 않으면 대부분 질려 포기해버리기 십상이다. 그래서 나는 퇴근 후 남아 있는 에너지 중 70%를 꾸준히 부수입 만들기에 쏟으라고 조언하고 싶다. 언제까지? 될 때까지. 지치지 말고 지속 가능하게 실천하자.

열 번 실패하겠다는 각오로 도전한다

같은 맥락에서 나는 실패를 두려워하지 않는 것이 중요하다고 생각한다. 너무 뻔한 말이지만 부수입 만들기에 있어서는 백번 이야기해도 부족한 말이다. 부수입 만들기를 시작할 때 '나는 적어도 열 번 실패하겠다'라는 마인드로 접근하는 것이 좋다.

나는 처음으로 부수입이 본업 수입을 초과했을 때 지금까지 내가 수입을 늘리기 위해 시도한 것들 중 그 어떤 것도 중요하지 않은 것이 없었다고 생각했다. 경매를 하겠다고 열심히 책을 읽고 강의를 들으러 다니다가 포기하고, 블로그를 하겠다고 맨날 집에서 사진을 찍다가 원하는 만큼 성과가 나오지 않아 포기하고, 매일 밤 수십 개의 앱을 켜고 출석 체크를 하다가 너무 비효율적이라며 그만두었다. 그리고 우연히 브이로그 채널을 시작했다가 6개월 만에 보기 좋게 실패했다. 하지만 시도하고 포기하고 실패하기를 반복했던 이 모든 과정들이 있었기에 나는 유튜버가 될 수 있었고, 수익 다각화에 성공할 수 있었다.

나도 실패할 때마다 좌절했다. 실패할 때마다 시간을 낭비했다고 생각하기도 했다. 꾸준히 블로그를 하지 못해 결국 이도저도 아닌 성과를 냈을 때는 정말 뭐 하나 꾸준히 하지 못하는 나를 원망했다. 경매 공부를 포기하고 앱테크와 초절약마저 포기했을 때는 힘들다는 핑계로 나 자신을 합리화하는 것이 아닐까 끊임없이 자책했다. 또다시 브이로그를 실패했을 때는 '역시 내가 뭐 하나 특출나게 잘하는 게 하나 없지' 하며 자포자기하기도 했다.

하지만 결국 성과가 나오게 되자 바로 그런 과정들이 있었기에 지금의 결과를 낼 수 있었음을 확실히 알게 되었다. 나는 블로그를 2년 넘게 운영하면서 키워드를 작성하는 방법과 어떤 콘텐츠가 네이버 에디터들에게 인기가 있는지 분석하는 방법을 익혔다. 그때 익힌 방법들은 유튜브 알고리즘을 분석하는 데에도 큰 도움이 되었다. 열심히 부동산 공부를 하고 앱테크를 했던 경험은 유튜브를 통해 공유할 수 있는 나만의 재테크 스토리가 되었다. 브이로그 채널을 6개월 동안 운영하며 익힌 촬영 방법과 편집 기술은 내가 재테크 채널을 시작할 때 큰 진입 장벽 하나를 허물어주는 역할을 했다. 나는 지금도 '블로그랑 유튜브랑 다를 게 뭔가?' 하는 가벼운 마음으로 브이로그 채널을 시작한 나를 수백 번 칭찬해주고 싶다. 아마 그때 편집 방법을 미리 익히지 못했다면 절대로 재테크 채널을 시작하지 못했을 것이다.

정리하자면 부수입을 만들기 위해서는 부담 없이 무자본으로 할 수 있는 일을 찾아 적어도 열 번 실패하겠다는 담대한 각오로 자신이 가진 에너지의 70%를 쏟아 꾸준히 시도하라는 것이다. 어차피 무자본으로 도전하는 일이기 때문에 실패한다 한들 금전적 리스크는 없으므로 부담도 없다. 실패하거나 포기해야 할 때마다 내 멘탈만 잘 챙겨 다시 새로운 일을 찾아 시도하면 된다.

실패를 두려워할 필요가 전혀 없다. 계속해서 실패만 할 때는 실패가 '실패'로만 다가오지만, 마침내 성공하고 나면 이전의 실패는 모두 나만의 개성이 되고 나만의 스토리가 된다.

그래서 나는 단번에 성공한 사람보다는 백 번 실패한 끝에 성공한 사람들이 모든 면에서 더 유리하다고 생각한다. 우리가 금수저의 창업 성공 스토리보다는 흙수저의 창업 성공 스토리에 열광하는 것만 봐도 알 수 있다.

만약 당신이 미래에 큰 성과를 낼 것이라는 사실을 이미 알고 있다면 어떨까? 내가 만약 미래에 유튜브로 성과를 낼 것이라는 것을 미리 알았다면 나는 실패를 달갑게 받아들였을 것이다. 우리가 게임을 할 때 중간에 캐릭터가 계속 죽어도 게임을 그만두지 않는 이유도 정해져 있는 해피 엔딩을 보기 위해서다. 결말이 행복하다는 사실을 알고 있기 때문에 캐릭터가 계속 죽더라도 다시 시작할 수 있는 것이다.

수입의 다각화 과정도 이와 같은 게임이라고 생각해보자. 결과는 당연히 해피 엔딩이다. 이제부터 해피 엔딩을 보기 위해 끊임없이 실패하고 끊임없이 도전하라.

돈 없을 때도 할 수 있는
재테크 방법이 있다!

돈이 하나도 없어서 투자는커녕 나는 저축도 못한다고 말하는 사람들이 많다. 이런 사람들에게 추천하고 싶은 재테크 방법이 있다. 현재 나도 투자금이 떨어졌거나 매달 똑같은 저축액에 지쳤을 때 이 재테크 방법을 적극 실천하고 있다.

독서, 돈 없을 때 해야 할 최고의 재테크 방법

모을 돈이 없을 때 가장 먼저 할 일은 어떻게 하면 더 빨리 많은 돈을 모을 수 있을지 고민하는 것이라고 생각한다. 즉, 재테크에 대해 공부하는 것이다. 이와 같이 재테크에 관심을 가지고 돈 관리 방법에 대해 알아가는 과정 자체가 하나의 '재테크'가 될 수 있다.

재테크를 공부하는 방법은 여러 가지가 있지만 가장 좋은 방법은 독서이다.

'독서'라고 하면 너무 뻔한 것 같지만 막상 실천하는 사람은 별로 없다. 나는 신혼 초에 돈이 없어 불안하고 초조한 마음을 독서로 달랬다. 실제로 돌아보니 독서만큼 내 불안한 마음을 위로해주는 것도 없었다.

돈에 대해 지인들이나 가족들에게 하소연한다고 부정적인 감정이 해소되지 않는다. 돈을 열심히 모으는 것만큼 돈에 대한 부정적인 감정을 갖지 않는 게 중요하다는 것을 누구보다 잘 알기 때문에 나는 불안할 때마다 입 밖으로 내뱉지 않고 독서로 마음을 달랬다.

이럴 때 읽으면 좋은 책은 투자 성공담이 많이 들어 있는 것보다는 '재테크 방법'이나 '돈에 대한 마인드'가 담긴 것이다. 돈이 없는 상태에서 투자 성공담이 담긴 책만 읽으면 '역시 나는 종잣돈이 없어서 안 돼'라는 생각이 들 수 있기 때문이다.

여러 재테크 책을 읽다 보면 같은 개념이어도 다르게 설명하는 경우가 많다. 편견을 가지고 보기보다는 그중에서 나에게 맞는 방법을 취해 나만의 개념을 만드는 편이 좋다.

책을 읽은 뒤에는 책에 담긴 내용 중에 가장 쉽고 당장 적용할 수 있는 재테크 방법을 시도해 책에 담긴 내용 중 단 하나라도 내 것으로 만든다. 이렇게 읽은 책이 늘어날수록 자신만의 재테크 스타일이 생기고 재테크 내공이 생겨 자신감을 얻을 수 있다.

책을 싫어해도 독서 습관을 만들 수 있다

나는 어릴 때부터 정말 책을 싫어했다. 제일 싫어하는 과목은 국어와 영어였다. 모두 언어 과목이었다. 초중고를 통틀어 학교에서 억지로 읽으라고 숙제를 내주는 책 이외에는 한 권의 책도 읽지 않았다. 대학생 때라고 다르지 않았다. 전공서적 이외에는 책을 볼 일이 없었고, 그마저도 통계학과였기 때문에 글자보다는 숫자가 많은 책을 보았다.

그랬던 내가 재테크를 시작한 첫해에 무려 40권 이상의 책을 읽었다. 책을 정말 싫어했던 내가 독서 습관을 만들 수 있었던 일등 공신은 바로 도서관이다. 처음에는 책 구입 비용을 아끼고 싶어서 도서관을 이용했다.

멀리 있는 도서관에서 책을 빌리는 것이 번거롭기 때문에 한 번 방문할 때마다 최대 대출 권수인 다섯 권을 채워서 빌려왔다. 재테크와 관련된 책이라면 신간 위주로 무조건 빌렸다.

그리고 차례를 보면서 읽고 싶은 부분만 골라 읽었다. 도서관에서 빌려보는 책이기 때문에 '돈이 아까우니까 처음부터 끝까지 무조건 다 읽어야 해!'라는 부담이 없었다. 그래서 읽고 싶은 부분만 읽기 시작했고, 관심이 가는 부분을 보다가 전체 내용이 궁금한 책은 전체를 읽기도 했다. 또 한 권을 읽다가 지겨워지면 다른 책을 읽었다. 다섯 권을 빌려서 지겨워질 때마다 계속 돌려가며 읽은 것이다.

완독에 집착하지 않고, 여러 책을 돌려가며 읽는 방법으로 나는 책과 친해졌다. 독서는 지루하다는 편견이 깨지고 독서가 즐거워졌다. 지금도 한 번 구매할 때 서너 권의 책을 구매해서 지겨워질 때마다 돌려가면서 읽는다.

독서가 처음이라면 우선 도서관에서 책을 빌려보는 것을 추천한다. 구매한 책이 아니라서 완독해야 한다는 부담이 없고, 책 선택에 계속 실패하다 보면 결국 내 취향의 책을 고르는 방법을 익히게 된다.

자기계발은 리스크가 없는 현명한 투자 방법이다

종잣돈을 모으는 지루한 시간 동안 누구나 당연히 지치기 마련이다. 이때 더 빨리 돈을 모으는 방법은 없는지, 내 수입을 늘릴 수 있는 방법은 없는지 고민해봐야 한다. 즉, 자기 자신에게 투자를 하는 것이다.

사람들은 누구나 더 빨리 부자가 되고 싶어 한다. 재테크에 관심을 가지는 주된 이유도 빠르게 부자가 되고 싶기 때문이다. 나 또한 재테크를 통해 조금이라도 더 빨리 많은 자산을 모아서 하고 싶은 것을 망설임 없이 할 수 있게 되기를 바랐다.

그래서 절약도 하고, 투자도 하고, 수입도 늘렸다. 이 세 가지를 모두 해보고 나서, 나는 가장 빨리 부자가 되는 방법은 수입을 늘리는 것이라는 결론을 내렸다. 남들보다 빠르게 부자가 되고 싶다면 반드시 수입을 늘려야 한다.

하지만 대부분의 사람들은 이 사실을 외면하고 싶어 한다. 수입을 늘리는 것은 매우 번거롭고 어렵다고 생각하기 때문이다. 수입을 늘리기보다는 투자를 하는 것이 더 쉽다고 생각한다. 그러나 투자를 해서 대박을 내는 것보다 수입을 늘리는 편이 더 쉽고 안전하다. 사람들은 누군가에게 쉽게 얻은 투자 정보를 이용해 대박을 내고 싶어 한다.

그래서 투자 카페를 가보면 "주식 종목 추천 좀 해주세요", "아파트 추천 좀 해주세요"라는 게시글이 넘쳐난다. 하지만 남에게 투자 정보를 물어봐서는 꾸준히 지속적으로 투자 수익을 내기 어렵다. 결국 지속적인 투자 수익을 내려면 남에게 의존하지 않고 스스로 공부해야 한다. 그러나 투자를 공부하는 과정은 녹록지 않다. 심지어 모든 투자에는 리스크가 존재한다. 대박이 날 가능성이 있는 투자는 그만큼 쪽박이 날 가능성도 크다.

반면에 수입을 늘리기 위한 투자인 자기계발은 리스크가 전혀 존재하지 않는다. 게다가 투자로 연 5% 수익을 내서 매월 30만 원을 벌기 위해서는 7,200만 원이라는 종잣돈이 필요하지만, 수입을 30만 원 늘리기 위해서는 당장 큰 목돈이 필요하지 않다. 즉, 투자를 통해 큰 수익을 내기 위해서는 그만큼 많은 자본금이 필요하지만 내 몸값을 올리기 위해서는 종잣돈이 필요하지 않다.

때문에 종잣돈이 없는 사회 초년생이라면 당장의 수익률보다는 미래를 위해 자기 자신에게 투자하는 자기계발을 소홀히 해서는 안 된다. 책값이나 강의 수강료 등이 지금 당장은 수입으로 돌아오지 않기 때문에 아깝게 느껴질 수 있지만 '수입을 늘리겠다'라는 분명한 목표로 계속해나가다 보면 반드시 성과를 낼 수 있을 것이다.

프레임을 바꾸면 추가 소득을 올릴 수 있다

소득이 적어 '이번 생은 글렀어'라고 생각하는 사회 초년생들을 보면 참 안타깝다. 나는 소득이 적을수록 더 적극적으로 자기계발에 투자해야 한다고 생각한다. 월 소득이 세후 150만 원인데 무조건 아끼기만 해서 부자가 될 수 있다고 희망 고문할 수는 없는 노릇이다. 월 소득이 적을수록 리스크가 있는 투자는 부담스러울 수밖에 없다.

따라서 리스크가 없는 자기계발에 투자해서 추가 소득을 늘릴 방법을 궁리해야 한다. '어떻게 하면 소득을 늘릴 수 있을까?', '어떻게 하면 부수입을 만들 수 있을까?'를 계속 고민해봐야 한다. 공무원이라 안 된다, 주부라 안 된다, 건강이 안 좋아서 안 된다 등등 계속 '안 된다'는 생각만 한다면 노력해도 좋은 결과를 내기 어렵다. 우선 이 생각부터 버려야 한다. 나 또한 몇 년 전만 해도 이런 생각들에 갇혀 있었다.

'나는 잘하는 게 없어서 안 돼.'
'나는 아이들 가르치는 일 말고는 해본 일이 없어서 안 돼.'
'나는 건강이 안 좋아서 안 돼.'

안 되는 이유만 수없이 떠올랐다. 그러다 최인철 교수가 쓴《프레임》이라는 책을 읽게 되었다. 여기서 프레임이란 세상을 보는 틀, 마음의 창이다. 우리가 일상에서 많이 사용하는 '색안경을 끼고 본다'는 말의 색안경이 바로 프레임이다. 파란색 색안경을 끼고 세상을 보면 모든 세상이 파란색으로 보인다. 이 책을 읽고 내가 모든 세상을 '안 된다'는 프레임을 끼고 보고 있다는 사실을 깨달았다. '안 된다'는 색안경을 끼고 보니 안 되는 사람이나 이유, 환경만 내 눈에 들어왔던 것이다.

그래서 '안 된다'는 프레임을 '된다'라는 프레임으로 바꾸기 위해 노력했다. 나는 매일 공책에 이렇게 적었다.

"나는 건강하지 않아도 돈을 벌 수 있다."
"나는 경력이 없어도 돈을 벌 수 있다."
"나는 나이가 많아도 돈을 벌 수 있다."
"나는 대단한 사람이다."

하루에 몇 번씩 적어야지 작정하고 적은 게 아니다. 그냥 마음이 불안하거나 '안 된다', '못 한다'는 부정적인 생각이 떠오를 때면 다이어리를 꺼내 적었다. 안 된다는 프레임에서 벗어나고 나자 세상이 다르게 보였다. 나는 가족과 지인들에게 '우리는 무엇이든 될 수 있어!', '내가 못 할 일은 없어'라는 말을 자주 하기 시작했다.

그리고 몇 개월 뒤에 재테크 채널로 수익을 내기 시작했고 사람들이 찾는 유튜버가 되었다. 재테크 강사가 되었고, 드디어 책을 쓴 작가가 되었다. 프레임을 바꾸니 내 인생은 180도 바뀌었다. 나는 현재도 계속해서 수입을 늘리기 위해 늘 연구하고 공부하고 도전하고 있다.

자기계발을 위해서 큰돈이 필요한 것이 아니다. 요즘에는 여러 플랫폼을 통해 무료로 좋은 정보들을 취할 수 있다. 대표적인 플랫폼이 바로 유튜브다. 유튜브는 학교라 칭해질 정도로 다양한 전문가들이 고급 지식과 정보를 무료로 제공한다.

특히, 빠르게 종잣돈을 모으고 싶다면 유튜브에 '부업'이라고만 검색하면 무자본으로 시작할 수 있는 부업에 대한 다양한 정보를 얻을 수 있다. 그중에 시도해볼 수 있는 작은 것부터 시작해보자.

적은 월급에 아무리 아껴도 모이는 금액이 크지 않아 돈 모으는 재미가 없고 좌절감만 몰려온다면 오늘이라도 당장 실천할 수 있는 재테크 방법인 독서와 자기계발을 시작해보는 것을 추천한다.

첫 투자로 주식보다
부동산을 선호하는 이유

　요즘은 주식 투자가 대세다. 얼마 전 서점에 가보니 재테크 서적 코너가 모두 주식 관련 책으로 도배되어 있어 다시 한 번 부동산보다 주식이 대세라는 것을 실감했다. 하지만 그럼에도 불구하고 나는 첫 투자만큼은 내 집을 마련하는 부동산 투자를 추천한다. 내 집을 먼저 마련해두는 것이 좋기 때문이다.

　투자를 할 때 가장 중요한 것은 무엇일까? 멘탈 관리다. 초조해하지 않고 상승기나 하락기에도 의연할 수 있는 느긋한 자세가 중요하다. 그런데 내 집 마련이 안 되어 있는 사회 초년생이나 신혼부부의 경우 언젠가는 해야 하는 '내 집 마련'에 대한 생각 때문에 자칫 초조함을 이기지 못하거나 느긋한 마음을 유지하지 못해 투자 결과가 좋지 않을 수 있기 때문이다.

첫 투자 공부로 왜 부동산이 좋은가

주식은 흐름만 안다고 투자 수익을 내기가 쉽지 않다. 기업의 종류와 산업의 종류가 너무나 광범위해서 공부하는 시간이 오래 걸린다. 반면에 주식과 달리 부동산은 공부 시간이 적게 들고 누구에게나 공평하고 투명하게 정보가 공개되어 있어 공부하기도 쉽다.

게다가 내 집 마련을 이용한 부동산 투자는 위험성도 매우 낮다. 감당할 수 없는 대출을 받은 것이 아니라면 하락기에는 내 집에 눌러앉아 다시 상승기가 올 때까지 살면서 기다리면 그만이기 때문이다.

내가 내 또래 친구들에게 부동산 공부를 하라고 조언하면 대부분 집값이 너무 올라 집을 살 돈이 없는데 뭐 하러 공부를 하냐는 답이 돌아온다. 단언컨대 종잣돈을 모은 후에 시작하는 부동산 공부는 늦는다. 부동산의 흐름과 시장을 보는 눈은 하루아침에 만들어지는 것이 아니기 때문이다. 종잣돈을 모으면서 부동산 공부를 미리 해두어야 한다.

내가 결혼 후 공부를 시작해 단기간에 부동산의 흐름을 보는 눈이 생긴 것은 대학교 때부터 꾸준히 부동산에 관심을 가지고 있었던 덕분이다. 최근 강력한 부동산 규제로 1주택자도 집을 매수하는 일이 어려워졌지만 현재 부동산 시장을 공부해두면 하락기나 또 다른 상승기가 왔을 때 기회를 보는 눈이 생기기 때문에 미리 대비해두는 편이 좋다. 그래서 부동산 1도 모르는 '부린이'들을 위해 누구나 쉽게 시작할 수 있는 부동산 공부 방법을 소개하려고 한다.

부동산 앱부터 깔아라!

부동산 공부를 시작하고 싶다면 가장 먼저 부동산 앱을 깔아서 핸드폰 메인 화면에 두어야 한다. 그리고 새로운 지역에 갈 때마다 수시로 부동산 앱을 켜서 동네 시세를 확인하는 습관을 가지는 게 좋다. 시세만 확인하는 것이 아니라 시세를 보며 끊임없이 질문해야 한다.

'A단지와 B단지의 매매가격 차이는 왜 나는 걸까?'
'A구는 강남 바로 옆에 있는데 왜 강북 가격이지?'
'왜 분당보다 일산이 저렴할까?'
'여기는 경기도인데 왜 이렇게 집값이 비쌀까?'
'여긴 역세권인데도 왜 집값이 저렴하지?'

나는 결혼 전부터 부동산에 관심이 많아 남자 친구(지금의 남편)가 옆에서 운전을 하면 차 보조석에 앉아 목적지에 도착할 때까지 주변 시세를 확인하는 습관이 있었다. 나중에는 내가 옆에서 부동산 앱을 안 보고 있으면 남편이 신기해할 정도였다. 이 습관으로 뼛속까지 경기도민이었던 나는 1년 만에 서울 지도를 외울 수 있었다. 일부러 외운 것이 아니라 저절로 외워진 것이다.

결국 서울 대부분의 지역 시세를 얼추 다 알아맞히는 정도에까지 이르렀다. 이처럼 부동산 앱을 수시로 보다 보면 지리를 알게 되고, 지리를 알면 입지가 보인다. 부동산을 공부하다 보면 사소한 입지 차이로도 아파트 매매가가 달라지는 것을 발견하게 된다.

지도를 뚫어지게 보다 보니 서울이 분지라는 사실도 알게 되었다. 고등학교 한국지리 시간에 우리나라 대표적인 분지는 대구라고 배웠는데 지도를 보다 보니 북한산, 도봉산, 청계산, 관악산 등으로 둘러싸여 있는 서울은 명백히 분지였다. 분지라는 사실을 발견하고 나니 서울의 가치가 달리 보였다.

강남과 강북의 가치도 지도에 답이 있다. 지금 당장 부동산 앱을 켜고 지도를 축소해 강북과 강남의 땅 모양을 비교해보자. 땅 모양만 봐도 그 지역의 가치가 달리 보일 것이다. 부동산 앱을 깔고 수시로 지도를 보며 계속해서 질문을 만들고, 그 질문에 대한 답을 찾아나가는 것이 부동산 공부의 시작이다.

내가 사는 동네만큼은 샅샅이 파헤쳐라!

부동산 앱을 깔았다면 내 동네 시세부터 확실히 익혀야 한다. 아파트에 산다면 처음에는 내가 살고 있는 아파트의 평형대별 시세와 이전 10년 실거래가를 파악하는 것이 좋다. 그다음은 옆 단지, 또 그 옆 단지 등 계속해서 범위를 늘려가면서 시세를 파악해야 한다.

이렇게 내 동네 시세부터 파악해야 하는 이유는 내가 살고 있는 동네이기 때문에 단지별로 길만 건너도 시세 차이가 나는 이유를 쉽게 알 수 있기 때문이다. 내 동네부터 시세 차이가 생기는 이유를 알아야 다른 동네를 방문했을 때 사소한 입지 차이도 눈에 들어온다.

처음이라 시세 차이가 생기는 이유를 모르겠다면 부동산 중개사무소에 들러서 질문해보거나 부동산 카페에 올라오는 지역 분석 자료를 검색해보면 된다. 각종 부동산 카페에 들어가면 부동산 초보들이 공부를 위해 직접 꼼꼼하게 작성한 지역 분석 자료들이 넘쳐나고 댓글만 봐도 공부할 거리가 많다. 게다가 이런 자료를 보면 같은 초보라 공감도 되고 부동산 공부 방법도 익힐 수 있어 큰 도움이 될 것이다.

돈이 없어도 사고 싶은 단지를 골라라

당장 돈이 없어도 '돈이 있다면'을 가정해서 매매하고 싶은 단지를 몇 군데 골라두고 수시로 시세를 살피는 모의투자를 해야 한다. 원하는 단지 여러 개의 현재 시세를 기록해두고 계절별로 시세를 파악해서 어떤 단지에 투자했을 때 가장 큰 수익률을 얻었을지 기록하는 과정은 돈 없이 할 수 있는 큰 투자 경험이 된다.

나는 결혼 6개월 만에 내 집 마련에 성공한 뒤에도 모의투자를 그만두지 않았다. 계속해서 첫 내 집 마련 시에 매수를 고려했던 단지들을 주시했고, 그 결과 내가 매수한 아파트에 투자한 것이 가장 낮은 수익률을 기록했다는 것을 알 수 있었다. 그 말은 곧 매수를 고려했던 모든 단지 중 내가 매수한 단지가 가장 덜 올랐다는 것이다.

그래서 양도소득세 비과세 조건인 2년을 채우자마자 갈아타야 겠다고 마음먹을 수 있었다. 집을 사고파는 과정에서 취등록세, 복비 등 상당한 부대비용이 들어가기 때문에 섣불리 결정할 수 있는 문제가 아니었다.

하지만 내가 기록한 시세 추세가 빨리 갈아타야 한다는 것을 결과로 보여주었고, 나는 망설임 없이 첫 집을 시세보다 4,000만 원 싸게 팔면서까지 무리해서 서울 신축 아파트로 갈아탈 수 있었다. 결과적으로는 처음으로 매수했던 집보다 지금 살고 있는 집의 시세가 두 배 정도 더 상승했다.

모의투자로 간접 경험을 쌓아라

또한 모의투자는 매수 타이밍을 결정하는 데 큰 역할을 하기도 한다. 매매하고 싶은 단지 몇 군데를 추려 지속적으로 시세를 살피다 보면 도미노처럼 순차적으로 시세가 오르락내리락하는 하는 것을 발견하게 되기도 한다.

예를 들어, 내가 몇 년째 모니터링하고 있는 세 단지 A아파트, B아파트, C아파트는 평소에는 늘 시세가 비슷하다. 하지만 정책이 발표되거나 이사철이 되어 집값이 상승할 때는 세 단지가 동시에 오르는 것이 아니라 한 단지씩 순차적으로 오른다. A아파트, B아파트, C아파트 순서로 오르거나 A아파트, C아파트, B아파트 순서로 오르는 식이다.

나는 몇 년째 이 세 개의 단지를 모니터링하고 있기 때문에 이 패턴을 알 수 있게 되었다. 내가 만약 이 세 개의 단지 중 한 곳을 매수하고 싶다면 A단지의 시세가 오를 때 B단지 또는 C단지를 매수하면 되고 A단지, B단지가 이미 올랐다면 망설임 없이 C단지를 선택할 것이다. 이처럼 종잣돈을 모으는 동안 꾸준히 모의투자를 지속하면 부동산의 흐름을 읽는 눈을 가지게 되어 필요할 때 바로 써먹을 수 있다.

부동산 모의투자를 추천하는 마지막 이유는 '나 자신을 알라'는 뜻이다. 매매하고 싶은 단지를 발견하면 누구나 그에 맞는 로드맵을 그려보기 마련이다. 예를 들어, 가고 싶은 대학이 있으면 내가 지금부터 각 과목별 성적을 얼마나 올려야 하며, 그렇게 성적을 올리려면 얼마나 많은 공부 시간이 필요한지 점검해보는 것처럼 말이다.

집을 매매하기 위해서 현금이 얼마가 필요하고 대출은 얼마가 필요할지, 그만큼 현금을 모으려면 월급의 얼마씩을 모아야 하고, 얼마만큼의 시간이 걸릴지, 그리고 지금 연봉으로 대출은 얼마가 나오는지, 얼마만큼의 대출을 감당할 수 있는지 등을 미리 파악해두는 것은 정말 중요하다.

집을 매매하기 위해 열심히 돈을 모아야겠다는 동기부여가 될수도 있고, 대출을 통해 마련할 수 있는 최대 투자금이 얼마인지도 구체적으로 파악하는 과정이 되기 때문이다.

나는 부동산 공부를 할 때 카페를 많이 이용했다. 가장 많이 방문했던 카페는 '월급쟁이 부자들'이라는 네이버 카페다. 부동산 강의 수강료도 아까워 혼자 공부하려고 노력하는 편이라 이 카페에 올라오는 강의 수강생들이 공부하는 방법을 참고해 공부했다. 요즘에도 꾸준히 주기적으로 들어가 모니터링하는 카페는 '부동산 스터디'이다. 부동산 관련 최신 정보가 매우 빠르게 올라와서 자주 들어가는 편이다.

부동산 공부를 도와주는 커뮤니티 카페

1. 부동산 스터디 : https://cafe.naver.com/jaegebal
   한국 부동산 시장의 분위기를 가장 빠르게 알 수 있는 카페다.
   매일 들어가 조회 수가 많은 게시물 순서로 모니터링하면 좋다.

2. 월급쟁이 부자들 : https://cafe.naver.com/wecando7
   부동산 공부를 열심히 하는 직장인들이 모여 있는 카페다.
   다른 사람들의 사례를 살펴보면 투자에 도움이 된다.

호호양의 미니멀 재테크

돈이 없을수록
부동산 공부를 해야 한다

아는 만큼 보이는 투자의 세계

결혼은 하고 싶은데 서울 집값이 너무 비쌌다. 나와 남편은 '돈 모아서 결혼하자'면서 연애를 4년 넘게 했다. 전세금을 모으면 결혼하려고 했는데 종잣돈 모으는 속도가 전셋값 오르는 속도를 따라잡지 못했다. 결국 이대로 가다가는 평생 결혼하기 어려울 것 같아 대출을 받아 결혼하기로 했다. 그래서 2014년 말부터 본격적으로 틈만 나면 우리 생활권의 전세 시세와 매매 시세를 찾아보며 결혼해서 살 집을 알아보기 시작했다.

그러던 중 친구의 지인이 위례신도시 분양에 당첨되었는데 프리미엄만 1억 원이 붙었다는 이야기를 듣게 되었다. 그 이야기를 듣고 나는 뒤통수를 한 대 얻어맞은 느낌이었다. 아니, 왜 나만 몰랐을까? 심지어 이미 위례신도시 대부분의 단지가 분양이 끝났다는 사실을 알고 좌절했다.

돈 모아서 결혼하자면서 연애하는 동안 조금만 관심을 가지고 알아봤다면 넣어볼 만한 분양 단지가 그동안 이렇게나 많았는데 왜 나는 지금까지 몰랐을까? 그 당시는 아파트를 분양받는 경우 계약금 10%만 있으면 나머지 중도금은 대부분 무이자 대출이 가능했다.

즉, 분양가의 10%만 있으면 충분히 분양 아파트를 노려볼 만했다. 아파트 분양가는 해당 지역 구축 아파트 시세와 비슷하거나 오히려 더 저렴한 편이다. 신축 아파트를 구축 아파트 가격에 살 수 있는 좋은 기회를 관심을 가지지 않아 몰랐던 것이다. 나름 부동산에 대해 잘 알고 관심이 있다고 자부했는데 좋은 기회들을 흘려보내고 있었다니 충격이 이만저만이 아니었다. 청약통장이 없는 것도 아니었다.

이처럼 좋은 기회는 지금 이 순간에도 우리를 스쳐지나가고 있다. 내가 아는 것이 있으면 그 기회가 눈에 들어올 테지만, 내가 아는 것이 없으면 기회가 코앞에 있어도 붙잡지 못한다. 즉, 아는 만큼, 딱 그만큼만 보인다. 그래서 늘 부동산에 관심을 가져야 한다. 한시라도 눈을 떼서는 안 된다. 언제 좋은 기회가 닥칠지 모르니 늘 공부하며 대비해야 한다.

부동산, 기회는 항상 있다!

내가 부동산에 늘 관심을 가지고 있어야 하고 공부하면서 대비하고 있어야 한다고 말하면 "이미 집값이 너무 올랐어. 이미 늦었어", "돈도 없는데 무슨 부동산이야"라고 부정적으로 말하는 사람들이 대부분이다. 나는 첫 집을 매수했던 2016년부터 이 소리를 들었다. 사실 2021년 현재만 놓고 보면 틀린 말이 하나 없다.

집값은 5년 이상 계속해서 올랐고, 빨리 산 사람들보다 늦은 것도 사실이다. 하지만 그렇다고 평생 내 집 마련을 포기할 것인가? 내가 집을 샀던 2016년 여름, 들어가는 부동산 중개사무소마다 집값은 너무 올랐고 지금 집 사기에는 늦었다고 말했다.

그 당시는 정부에서는 2018년에 아파트 공급량이 많아 집값이 잡힐 것이라고 연일 보도를 내보내고 있었다. 그래서 집을 보러 가면 내 집 하나 가지고 있던 실거주자들이 내놓은 매물이 많았다. 그들은 하나 같이 정부가 2018년에 집값이 떨어질 것이라고 했으니 떨어지기 전에 미리 파는 것이라고 말했다.

하지만 내가 2016년에 매수를 고려했던 아파트들은 모두 매매가가 2억 원 이상 올랐다. 이처럼 자본주의 사회에서는 스스로 공부하지 않고 시장에 관심을 가지지 않으면 잡아먹힌다. 이미 내 집을 가지고 있는 실거주자라도 공부를 소홀히 해서는 안 된다. 늘 깨어 있어야 한다. 2015년 결혼 준비를 하는 1년 동안 우리 부부가 신혼집 후보로 보고 있던 매물의 전세가와 매매가는 모두 1억 넘게 올랐다. 단 1년 만에. 내가 만약 그때 "집값이 미쳤네. 정부가 문제야"라고 욕만 하거나 "우리가 가진 종잣돈으로 내 집 마련은 글렀으니 그냥 쓰면서 살자"라고 생각했다면 나는 아직도 남편과 실평수 10평의 아파텔을 벗어나지 못했을 것이다.

하지만 나는 우리가 구하려던 집이 1억이 넘게 오르는 것을 보면서 다시는 부동산 시장에 당하지 않겠다고 다짐했다. 분명히 오른 이유가 있었을 것이고, 앞으로는 미리 대비해 절대 똑같이 당하는 일은 없게 하겠다고, 나는 항상 깨어 있는 사람이 되겠다고 마음속에 새겼다. 그리고 포기하지 않고 공부해 반년 뒤 지금이 바닥이라는 확신이 왔을 때 집을 매수했다.

많이 올랐는데…… 내 집을 마련해야 할까?

집값이 이미 많이 올랐지만 투자가 목적이 아니라 내 집 마련이 목적이라면 무조건 매수하는 게 좋다고 생각한다. 하락기만 바라보다 평생 내 집 마련을 못 할 수도 있다. 또 꼭 생각해보았으면 하는 것은 상승기에도 떨어지면 어떻게 하나 고민이 되어 집을 매수하지 못했던 사람들이 과연 하락기가 오면 매수할 수 있을까?

주식만 해도 계속해서 떨어지고 있는 종목을 용기 내어 매수할 수 있는 개미들은 몇 안 된다. 내 집 마련 적기는 부동산 하락기가 아니라 내가 준비가 되었을 때다. 담보 대출이 감당 가능한 수준이라면 내 집 마련은 언제나 옳다. 부동산은 의식주에 해당하는 필수재이다. 누구도 집 없이 살 수는 없다. 때문에 큰 수익을 기대한다기보다는 안정감을 얻기 위해서라도 내 집 마련은 반드시 필요하다. 나는 집을 매수하고 나서 대출은 늘어났지만, 돈은 더 빨리 모이기 시작했다. 목표가 훨씬 더 뚜렷해졌기 때문이다.

내 집을 마련하기 전에는 돈을 모으면서도 '내가 과연 내 집 마련을 할 수 있을까?'라고 가끔 의심이 들어 돈 관리에 흔들릴 때가 많았다. 하지만 집을 매수하고 나서는 지금부터 2억 5,000만 원만 모으면 저 집이 은행과의 공동 소유가 아닌 온전한 우리 소유가 된다고 생각해 절약을 하면서도 신이 났다. 2억 5,000만 원이라는 명확한 목표가 내가 흔들리지 않도록 잡아준 것이다.

내 주위에는 나처럼 집을 매수하고 종잣돈 모으는 속도가 빨라졌다는 사람들이 많다. 내 지인 P는 회사를 퇴사하고 싶어 오랜 시간 고민하다가 회사 근처에 입주 예정인 아파트 분양권을 충동구매했다. 그 친구는 집값이 많이 올라서 모아놓은 종잣돈만으로는 부족해 개인 대출까지 받아 구입한 터라 한편으로는 불안하기도 했지만, 그 이후로는 더 이상 퇴사를 고민하지 않게 되었다. 오히려 입주할 때 조금이라도 대출을 덜 받기 위해서 회사생활도 더 열심히 하게 되었고, 매달 꼬박꼬박 월급을 주는 회사에 처음으로 감사한 마음까지 생겼다고 했다.

대출 규모에 대해 알아야 할 것들
내가 지인들에게 내 집 마련으로 인해 얻는 '안정감'을 강조하면

"집 샀는데 집값이 떨어지면 어떻게 해!"라고 이야기하는 경우가 있다. 우선 가격이 떨어지지 않을 집을 사는 것이 가장 좋겠지만 경제위기가 온다면 이 집 저 집 가리지 않고 모두 집값이 떨어질 수 있기 때문에 하락할 때를 생각하지 않을 수 없는 게 사실이다.

그래서 감당 가능한 만큼의 대출을 받아 내 집을 마련하는 것이 그 무엇보다 중요하다. 대출이 없는 경우 설령 집값이 반토막 난다고 해도 경제활동만 계속 지속하고 있다면 집값이 다시 회복할 때까지 버티면 그만이다. 사실 대출 없는 집의 경우 오히려 하락기가 더 좋은 입지로 갈아타기 좋은 기회다.

반면에 담보 대출이 있는 집은 하락기가 왔을 때 다시 집값이 회복할 때까지 이자를 내며 버틸 수 있는지를 따져봐야 한다. 나는 2018년에 처음으로 매수했던 아파트를 팔고 서울에 있는 신축 아파트로 갈아타기를 했다. 분당에 있는 구축 아파트를 팔아 서울의 신축 아파트를 사려니까 대출을 어마어마하게 늘릴 수밖에 없었다.

그때 매수를 고민하며 향후 육아로 인해 내 소득이 끊기거나 경기가 좋지 않아 남편 소득이 끊길 경우 대비 가능한지를 꼼꼼하게 따져보고 결정했다. 하락기가 왔는데 마침 개인 사정으로 소득이 줄어들어 이자를 낼 수 없는 상황이 오면 내가 원하지 않는 가격에라도 손해를 보고 집을 팔아야 한다. 때문에 반드시 최악의 상황을 고려해 대출 규모를 결정해야 한다.

이런 집은
절대 사지 마라!

집값이 계속해서 오르다 보니 마음이 급해져 공부도 제대로 안 하고 아무 집이나 매수하려고 하는 지인들이 많았다. 그래서 조심스럽게 조언을 해주면 "내가 그냥 살 집이니까 안 올라도 상관없어"라고 호기롭게 이야기한다.

그런데 문제는 이렇게 당당하게 말했던 지인들도 결국 몇 년 후 '서울 아파트값이 몇 억이 올랐네' 하는 신문 기사를 보면 소외감을 느끼고 후회한다는 것이다. 이렇게 후회하지 않으려면 적어도 상승장에서 소외되지 않을 집을 매수해야 한다. 그래서 부동산에 대해 잘 모른다면 적어도 내 집 마련으로 다음 네 가지는 절대로 매수하지 말라고 조언해주고 싶다.

신축 빌라

신축 빌라는 인테리어 자재 자체가 신축 아파트보다 고급인 경우가 많다. 고급스러운 인테리어와 아파트보다 훨씬 저렴한 매매가에 혹해서 빌라를 매수하겠다는 신혼부부들이 의외로 많다.

하지만 건물에서 중요한 것은 겉으로 보이는 내장재가 아니다. 얼마나 튼튼하게 지었느냐가 더 중요하다. 아파트야 대형 건설사가 지었으니 믿을 만하고 하자보수도 원만하게 해주는 편이지만 빌라는 이름도 없는 작은 건설사들이 지은 것이라 일반인의 눈으로 보기에 잘 지었는지 판단하기가 어렵고 하자보수도 어렵다.

살다 보면 주차가 불편한 것도 무시 못 한다. 같은 건물 주민들끼리 주차 문제로 다투다 결국 사설 주차장 정기권을 끊어서 생활하는 경우도 흔하다. 또 빌라는 아파트보다 내구성이 떨어지기 때문에 건물 노화가 훨씬 빠르다. 그래서 신축으로 들어가 살다가 구축이 되어 나올 때는 매매 자체가 어려울 수 있다.

오피스텔

요즘은 오피스텔도 2~3인 가구가 살기 좋은 큰 평수로 잘 나오는 경우가 많다. 게다가 대부분 아파텔(아파트형 오피스텔)은 신축이기 때문에 1~2층에 편의시설이 잘되어 있고 깨끗해 매력적이다.

하지만 오피스텔의 경우 아파트보다 취등록세율이 매우 높다. 6억 이하 아파트의 경우 취등록세율이 1.1%이지만, 오피스텔은

4.6%이다. 3억짜리 아파텔을 매수한다면 아파트의 경우 취등록세가 330만 원이지만 오피스텔의 경우 1,380만 원인 것이다.

취등록세가 이렇게 높으면 매수자 입장에서 부담스러울 수밖에 없다. 때문에 빌라와 같이 매도할 때 어려울 수 있고, 취등록세만큼 매매가가 상승하지 않으면 그만큼 손해다. 또 신혼 3년 차까지 아파텔에 살아본 사람으로서 이야기하자면 아파텔은 베란다가 없어서 물건을 보관하거나 빨래를 말리기 어렵고, 대부분 통풍이 안 되는 구조라 환기가 안 된다.

변두리 아파트

지인 K는 대학 모임에 나갔다가 몇 개월 전에 집을 샀는데 2억이 올랐다는 친구의 이야기를 듣고 초조해졌다. 그래서 그다음 주부터 당장 부모님과 함께 매주 부동산을 보러 다니기 시작했다. 그리고 나에게 C아파트를 매수해도 되냐고 조언을 구했다.

부동산 앱을 켜서 확인해보니 지하철역과 거리가 먼 변두리 아파트였다. 신축까지는 아니어도 지어진 지 10년 정도 되어 깔끔한 곳이긴 했지만 그것 이외에는 전혀 투자 메리트가 없었다. 나는 이왕 같은 값이면 평수를 줄여서 1기 신도시로 들어가라고 조언했다. 충분히 가능한 자금이었기 때문이다.

그러나 내가 추천한 1기 신도시에서 오래 살았던 그 친구는 1기 신도시의 경우 주차가 불편하고 아파트가 너무 오래되어서 싫다고 했다. 그래서 나중에 1기 신도시만 올라서 후회하게 되면 어떻게 할 거냐고 물었더니 집으로 돈 벌고 싶은 마음 없으니까 괜찮다는 답이 돌아왔다. 그 친구는 결국 본인이 알아본 아파트를 매수했고 아니나 다를까 1년 뒤에 후회했다. 1기 신도시가 억대로 오를 때 그 친구가 매수한 변두리 아파트는 1,000만 원 정도 올랐기 때문이다.

자기 자동차만 타고 다니는 경우 비역세권 경기도 변두리 아파트 매수를 고려하는 경우가 많다. 자가용을 끌고 다니기 때문에 지하철역과 가까울 필요가 없다는 논리다. 본인의 만족도만 따지자면 상관없지만 내 집 마련을 활용해 어느 정도 투자 효과까지 보려면 매매를 고려하지 않는 것이 좋다. 아무리 빌라나 오피스텔에 비해 인기가 있는 아파트라 할지라도 이런 변두리 아파트는 오를 때 가장 늦게 오르고 떨어질 때는 가장 빨리 떨어진다. 게다가 경기도 비역세권 아파트는 동네에 신축 아파트의 공급량이 쏟아질 경우 전셋값이 하락해 매매가까지 하락할 가능성이 있다.

단독주택

복잡한 도시에서 벗어나 자연경관을 벗 삼아 살고 싶어 하는 사람도 있을 것이다. 넓은 마당에 강아지와 아이들이 뛰어다니며 층간 소음 걱정 없고 조용하고 고즈넉한 삶, 누구나 한 번씩은 꿈꿔본 적 있지 않은가. 하지만 실제로 살아보면 꿈만 같지는 않을 가능성이 크다.

나는 과외를 할 때 최고급 주상복합부터 단독주택까지 가보지 않은 주거 환경이 없을 정도다. 직접 과외를 하며 단독주택에 가보기 전까지는 나도 이에 대한 막연한 로망이 있었다. 하지만 자주 방문해보니 벌레가 너무 많아 수업을 하다 뛰쳐나온 적이 한두 번이 아니다. 게다가 단열이 취약한 경우가 많고, 살면서 계속해서 관리와 보수를 해야 하는 부분이 많다. 몇 년에 한 번씩 옥상 바닥 공사를 하지 않으면 비가 셀 우려가 있고, 계속해서 쾌적한 환경을 유지하기 위해서는 주기적으로 마당 관리도 해주어야 한다. 이 모든 게 다 돈이다. 결국 유지 보수 비용이 너무 부담스러워 단독주택에 살다가 다시 아파트로 이사하는 사람들이 많다.

이뿐만 아니라 단독주택은 부동산 상승기에 대부분 소외된다. 주택의 경우 건물에 대한 가치는 계속해서 감가상각이 일어나고 땅에 대한 가치만 남기 때문이다. 반면에 아파트의 경우 단독주택보다 수요가 많아 오히려 건물은 노화되어도 매매가는 올라가는 경우가 대부분이다. 따라서 단독주택에 대한 로망이 있다면 매매를 하기보다는 먼저 전세를 살아본 뒤에 결정할 것을 추천한다.

내 집을 마련하고 싶다면 반드시 버려야 할 생각

처음으로 집을 매수하는 20~30대가 이런 신축 빌라나 아파텔의 매수를 고려하는 이유는 무엇일까? 답은 간단하다. 자금은 부족한데 주거 환경은 포기하고 싶지 않기 때문이다. 종잣돈이 충분하지 않은데도 불구하고 서울을 고집하거나 신축을 고집하다 보니 비교적 저렴한 빌라나 아파텔이 눈에 들어오는 것이다.

전세라면 깨끗한 신축 빌라나 아파텔을 얻어도 관계없다. 나 또한 깨끗한 집에서 살고 싶어서 분당에서부터 신분당선을 따라 광교신도시까지 내려가 신축 오피스텔을 신혼집으로 구했다.

하지만 집을 매수할 생각이라면 깨끗한 집이나 서울만을 고집해서는 안 된다. 내 집 마련을 할 때는 나의 자산 규모에 맞춰 입지에 비해 저평가되어 있는 단지를 골라 매수를 고려해야 한다. 건물의 외관에 현혹되지 말고 땅의 가치, 즉 입지를 우선시해야 한다.

너무 서울만 고집하는 것도 좋지 않다. 이미 서울은 매매가가 매우 높기 때문에 서울이 아니면 싫다는 이유로 내 집 마련을 미루다가 영원히 전셋집을 전전하게 될 수도 있다. 지역에 대한 편견을 버리는 것이 좋다. 우선 경기도에 내 집 마련을 한 뒤 종잣돈을 모아 점점 서울의 중심으로 들어오는 것이 현명하다.

연고가 없어 어느 지역부터 봐야 할지 난감하다면 자신의 직장이 있는 지하철역을 따라 갈 수 있는 경기도가 어디인지 찾아보면 좋다. 현재 부동산 시장은 가격에 입지의 가치가 대부분 반영되어 있다. 즉, 입지가 좋은 곳은 비싸다는 것이다. 수도권에서 좋은 입지에 신축 건물이라면 매매가는 10억을 훌쩍 뛰어넘었을 가능성이 크다. 신혼부부나 싱글이 부모님의 지원 없이 10억대 신축 아파트를 매수할 자금력이 있는 경우는 매우 드물다. 그래서 처음으로 내 집을 마련할 때 가장 먼저 포기해야 할 것은 깨끗한 신축 아파트다. 간혹 충분히 수도권에서 입지 좋은 구축 아파트를 매수할 자금력이 있음에도 불구하고 새집에 살고 싶어서 대출까지 받아 신축 아파트 전셋집을 구하는 경우가 있다. 부자가 되고 싶다면 호화로운 전셋집에 살 생각하지 말고 거지같은 내 집에 살아야 한다. 집값이 많이 오른 상태라 무조건 오른다고 보장할 수는 없지만 내 집에 산다는 안정감만 해도 충분히 투자할 가치가 있다.

내가 결혼할 때 깨끗한 신혼집을 찾아 광교까지 가서 계약을 하겠다고 했을 때 엄마는 직장과 가까운 25년 된 분당 10평대 아파트를 추천하면서 이렇게 이야기했다. "우리 때는 대부분 다 초라한 단칸방에서 시작했어. 그래도 다 만족하고 잘 먹고 잘살았다." 하지만 나는 엄마 때랑 우리 세대랑 같냐고 툴툴거렸다.

하지만 나는 내 집을 마련할 때 엄마의 그 조언을 잊지 않으려고 노력했다. 그래, 젊은 날 조금 낡고 초라한 집에 살면 어떤가. 낡고 초라해 보이는 아파트는 미래를 위한 도약에 불과할 뿐이다. 처음부터 열 계단을 뛰어넘으려고 하지 말자. 처음부터 너무 욕심 부리기보다는 조금 눈을 낮춰 내가 가진 종잣돈 안에서 최선의 선택을 하는 것이 좋다. 그리고 한 계단 한 계단 좀 더 좋은 입지나 신축 아파트로 점프해나가도 늦지 않다.

첫 부동산 투자
실패에서 얻은 것

드디어 집을 살 타이밍이 도래했다

결혼 후 나는 매일 퇴근하고 집에 오면 부동산 공부를 했다. 책을 읽거나 부동산 투자자 블로그와 부동산 카페를 돌아다니면서 집값이 오를지 떨어질지 스스로 판단하는 시간을 가졌다. 2016년 초는 지금보다 부동산 시장의 흐름을 읽기 쉬웠던 때다. 아직도 서울 지역에 2,000만 원으로 갭투자를 할 수 있는 단지가 수두룩했었으니 말 다했다.

몇 개월 공부에 매달려 나름대로 얻은 결론은 장기적으로 봤을 때 부동산 가격은 우상향할 수밖에 없다는 것이었다. 또 집값이 오를 만한 이유는 단번에 서너 개를 말할 수 있을 정도였지만 눈을 씻고 찾아봐도 지금보다 매매가가 떨어질 이유는 단 한 개도 찾을 수 없었다.

80년대 후반 이후 우리나라 부동산 시장이 하락기를 맞았던 것은 총 세 번이다. 첫 번째는 200만 세대가 넘는 1기 신도시 확정 발표가 있었던 때이고, 두 번째는 IMF 금융위기 때이다. 세 번째는 2008년 미국 리먼브라더스사태 때였다. 첫 번째 경우는 엄청난 공급량으로 인해 집값이 하락했던 것이고, 나머지 두 경우는 모두 외부 요인에 의한 것이었다.

2016년에는 엄청난 공급 물량이 예정되어 있지도 않았고, 리먼브라더스사태와 같은 큰 외부 요인이 발생할 가능성도 없어 보였다. 오히려 부동산 투자자들이 공유하는 입주 물량 그래프를 보면 공급이 현저히 부족하다는 것을 알 수 있었다.

그 당시는 전세가가 상승하며 매매가까지 함께 끌어올리는 구조로 집값이 오르고 있었다. 하지만 내가 매수를 고려하고 있던 분당 지역은 가까운 거리에 있는 위례신도시와 동탄 등의 입주 물량이 쏟아지면서 전세가와 매매가가 탄력을 받지 못하고 있었다. 오히려 전세가가 떨어진 단지도 있었다.

나는 오히려 이것이 기회라고 생각했다. 봄부터 시간이 나면 임장을 다녔는데 위례에 입주할 예정인 매도자가 굉장히 많았다. 그것은 명백히 위례신도시 입주에 큰 영향을 받고 있다는 증거나 다름없었고, 나는 분당이 현재 저평가된 지역이라고 확신했다. 그리고 위례신도시 입주가 마무리되면 분당 전셋값도 결국은 오를 것이고 전세가가 오르는 만큼 집값도 오를 것이라고 기대했다. 확신이 서자 위례신도시 입주가 끝나기 전에 매수를 해야겠다는 생각에 초조해졌다.

급매라는 말에 혹해 매수한 생애 첫 집

부동산이든 주식이든 투자에서 초조함은 실수를 부른다. 나는 초조한 마음으로 몇 주간 친정 엄마와 함께 부동산 임장을 다녔다. 그러다 우연히 급매를 만나게 되었다. 그 당시 열심히 보던 부동산 책들에서 대부분 급매를 강조했기에 급매를 만났을 때 나는 마냥 신이 났다.

내가 매수한 급매물은 같은 단지 같은 평형 시세보다 3,000만 원이 저렴했다. 예전에 누수가 한 번 있었고, 누수 공사가 잘못되어 공사한 부분의 바닥이 조금 부풀어 있어 급매로 나온 매물이었다.

부동산 중개사무소에서는 현재 누수는 모두 해결되었다고 했다. 나는 어차피 몇 년 뒤에 우리 부부가 입주할 때 전체 인테리어를 하면 된다는 단순하고 안일한 생각으로 누수가 있었다는 사실을 간과했다. 3,000만 원이 저렴하다는 사실에만 혹한 것이다. 어차피 수리할 거니까 상관없다는 생각으로 집도 꼼꼼하게 살펴보지 않았다. 부동산 중개사무소가 이야기해준 하자 부분만 슬쩍 보고 집을 나왔다.

집을 보는 과정에서 이미 나는 집이 마음에 든다는 티를 숨김없이 내비쳤고 부동산 중개사무소는 그 사실을 귀신같이 알아채고 집주인과의 가격 협상에서 우리의 편을 들어주지 않았다. 마음에 드는 티를 꽉꽉 냈으니 가격 조정 없이도 당연히 내가 매수할 것이라고 확신한 것이다.

부동산 중개사무소가 매도인의 대리인 역할을 했는데 부동산 중개사무소의 소장님은 인심 쓰듯이 이상이 있었던 난방 배관 공사비용만 가격 조정을 해주겠다고 했다. 그리고 그 자리에서 직접 인테리어 업체에 전화해 난방 배관 공사비용이 400만 원이라는 것을 확인시켜주며 딱 그만큼만 가격 조정을 해주었다. 순진한 나는 난방 배관 공사비용이 400만 원이라고 철석같이 믿었다.

왜 전세가 안 나가지?

문제는 약 6개월 뒤에 발생했다. 우리가 매수한 집은 전세 만기가 8개월 정도 남아 있는 매물이었다. 전세 만기가 다가와서 부동산 중개사무소에 전세를 내놓았는데 몇 개월이 지나도 전세 계약이 이루어지지 않았다. 부동산 거래에 대해 아무것도 몰랐던 우리는 전세가 나가지 않을 때 대처 방법에 대해 전혀 알지 못했고, 곧 나갈 거라는 부동산 공인중개사의 말만 믿고 손 놓고 있었다.

시간은 계속 흘러 전세를 내놓은 지 2개월이 되었고 전세 만기가 한 달 반 앞으로 다가왔다. 한 달 반 만에 입주를 할 수 있는 세입자가 나타날 리 없었다. 결국 전세금을 3,000만 원 내리고 전세 만기와 관계없이 최대한 빨리 들어올 수 있는 세입자를 찾아 계약했다. 그때까지만 해도 우리 부부는 부동산 중개사무소에서 제시한 전세금이 높아서 전세가 나가지 않았던 것인 줄로만 알았다.

생애 처음 매수한 아파트 내부 모습.

계속해서 누수가 일어나고 있던 바닥.

10개월 만에 마주한 우리 집의 실상

드디어 세입자가 이사 나가는 날 우리는 집 상태를 보고 혀를 내둘렀다. 집은 여전히 누수가 있었다. 온 집 안 바닥 시멘트는 시커멓게 젖어 있었다. 전 세입자는 바닥에서 올라오는 습기를 막기 위해 방마다 장판 안에 제습제를 넣어두었지만 벽지에 곰팡이가 생기는 것을 막지 못했다. 온 집 안에서 곰팡이 냄새가 났고, 젖은 바닥 때문에 장판이 울어 바닥에 붙어 있지 못하고 겉돌았다.

세입자는 약간 고소해하는 뉘앙스로 집 안 곳곳의 하자를 아주 친절하게 설명해주었다. 누수로 인해 시멘트가 부풀어 새시는 반정도밖에 열리지 않았고, 화장실부터 다용도실 문까지 모든 문은 문지방이 부풀어 닫히지 않았다. 심지어 화장실 문은 습기로 인해

호호양의 미니멀 재테크

나무가 물러서 썩고 있었다. 우리가 집을 매수했던 10개월 전, 또는 그 이전부터 계속해서 누수가 일어나고 있었고 그 때문에 집은 계속해서 점점 더 망가지고 있었던 것이다.

직접 반셀프 인테리어 공사를 하다!

집을 확인한 후 바로 동네 인테리어 업체를 방문해 인테리어 공사 견적을 받았다. 망가진 곳들만 수리하는데도 약 3,000만 원 정도 견적이 나왔다. 부동산 중개사무소에 전화해 난방 배관 공사비용이 400만 원이라고 하지 않았냐고 따졌더니 자기는 그런 말을 한 적이 없단다. 적어도 800만 원은 들어간다고 태연하게 말했다. 남편과 나는 사기를 당한 기분이었다. 억울해서라도 3,000만 원을 지불하며 집수리를 할 수는 없었다.

그래서 우리는 인테리어 업체에 맡기지 않고 공사별로 따로 하나씩 계약해 반셀프로 인테리어 공사를 하기로 마음먹었다. 이왕하는 김에 다음에는 전세가 나가지 않는 일이 없도록 싱크대도 교체하기로 했다.

도배, 장판, 새시, 싱크대, 난방 수도 배관, 방 손잡이, 콘센트, 인터폰, 조명, 화장실 문짝, 문지방 하나하나 모두 따로따로 알아보고 일정을 맞춰 수리를 했다. 나는 한 달 동안 매일 오전부터 분당 집으로 출근해 공사 상황을 지켜보고 오후에 과외를 하러 갔다. 결과적으로 총 1,000만 원 초반대로 모든 공사를 마무리할 수 있었다.

업체에 맡겼을 때보다 적어도 1,000만 원 이상 절약한 것이다.

첫 부동산 투자 실패에서 배운 교훈

나는 이 집을 재작년에 처분했다. 직장이 가까운 서울의 신축 아파트로 갈아타야 한다는 이유가 가장 컸지만 솔직히 볼 때마다 그때의 불편한 감정이 떠올라 정리한 것도 있다. 이 집을 매도하면서 우리는 억대의 시세 차익을 실현했지만 나는 여전히 실패한 투자라고 생각한다. 큰 수익을 안겨주었음에도 불구하고 굳이 실패한 투자라고 정의하는 이유는 실패한 투자 경험을 좀 더 마음속에 새기기 위해서다. 다음에는 같은 실패를 되풀이하지 않겠다는 다짐이기도 하다.

처음에 망가진 집 상태를 마주했을 때는 정말 크게 후회했고 정신적으로 힘들었다. 초조한 마음에 무조건 다른 매물보다 싸다는 이유로 성급하게 결정한 나 자신을 탓했다. 평소에는 전혀 다투지 않는 우리 부부가 집수리를 하는 과정에서 의견이 맞지 않아 처음으로 큰소리를 내며 싸우기도 했다.

하지만 하나하나 문제를 해결해나가고 완전히 깨끗하게 수리된 집에 마지막으로 남편과 함께 방문했을 때 우리는 서로가 너무 기특했다. 이게 게임이라면 만렙을 찍었다며 이제 어떤 것도 다 잘해나갈 수 있을 거라며 한참을 웃었다.

그 이후로 우리 부부는 웬만한 일에는 놀라지 않는다. 지금 살고 있는 집을 매수할 때도 잘못된 정보로 내가 취등록세를 잘못 계산해 1,000만 원 정도로 예상했던 취등록세가 3,000만 원이 나왔다. 우리는 당황했지만 남편도 나를 탓하지 않았고 나도 나를 탓하지 않았다. 문제를 해결하는 데만 집중했고, 나는 2,000만 원 손해가 아니라 2,000만 원짜리 비싼 인생 강의를 하나 들었다고 여기며 가볍게 툴툴 털어냈다.

실패해도 투자를 계속해야 하는 이유

내가 이처럼 부끄러운 나의 투자 실패담을 들려주는 것은 나와 같은 실수를 하지 않길 바라는 마음도 있지만 무엇보다도 실패를 반복해도 투자를 계속해야 한다는 말을 전하고 싶어서다. 나는 첫 내 집 마련에 실패했지만 돈 주고도 사지 못할 경험을 했다.

부동산을 대하는 태도에 대해서도 공부했고, 집을 볼 때 어떤 태도를 취해야 하는지도 알게 되었다. 가장 값진 경험은 반셀프 인테리어 방법을 몸으로 터득한 것이다. 하나하나 직접 알아보고 인테리어를 한 덕분에 나는 웬만한 인테리어 견적을 모두 알게 되었고, 나만의 수리 노하우들도 생겼다.

이때 경험했던 인테리어 노하우는 나중에 부동산 투자를 하게 된다면 유용하게 쓰일 나의 큰 자산이 되었다. 몇 개월 만에 마주한 집이 엉망이 아니었다면 나는 반셀프 인테리어 공사를 해보는 경험을 하지 못했을 것이다.

무엇보다도 나는 여러 번의 경험을 통해 투자에 있어서 초조함과 조급함을 많이 내려놓게 되었다. 덕분에 실수를 하는 일이 줄어들었고, 정신적으로도 매우 성숙해졌다. 실패했을 때 다시 일어서는 방법을 학습한 것이다.

이처럼 투자에 있어서는 실패도 경험이 되고 공부가 된다. 따라서 실패를 거듭해도 자신의 멘탈을 지킬 수 있는 선 안에서 투자를 계속해나가야 한다. 예제 문제를 많이 풀어야 결국 실력이 상승하듯이 계속해서 시도하고 최대한 많이 실패를 경험하는 것이 보다 빠르게 성장하는 길이다.

부자 되기를
절대로 포기하지 마세요!

이 책에서 소개한 모든 이야기가 재테크의 정답이 될 수는 없다. 책을 읽는 분들에게 나처럼 하면 부자가 될 수 있다고 이야기하고 싶었던 것은 아니다. 단지 작은 희망이 되어 주고 싶었고, 돈을 좇느라 행복을 등한시하지 않았으면 하는 마음에 용기를 내어 책을 쓰게 되었다.

재테크가 버겁고, 어렵게 시작한 재테크를 하면서 오히려 불안하고 괴로운 분들에게 너무 빨리 부자 되려고 하지 말고 천천히라도 부자 되는 과정이 행복한 재테크를 하라고 말하고 싶었다.

처음 재테크를 시작할 때 누군가가 내게 "자산 10억을 달성한다고 행복한 게 아니야"라고 미리 말해주었다면 나는 좀 더 빨리 나만의 재테크 스타일을 찾고 편안한 속도를 유지할 수 있었을 거라고 생각한다. 그래서 아무것도 몰랐던, 재테크를 처음 시작하는 나에게 쓴다는 생각으로 이 책을 집필했다.

시작이 불안한 것은 당연하다

"호호양 님과 함께 가계부를 쓰며 소비는 줄었는데……. 여전히 저축은 너무 적은 것 같고, 이대로는 원하는 만큼 부자가 될 수 없다는 생각에 불안해요"라고 이야기하는 사회 초년생들이 너무 많다. 이제 돈 관리를 시작하는 사회 초년생이 돈에 대해 불안한 마음을 가지는 것은 너무나 당연하다. 불안함을 느끼는 자신이 잘못되었다고 생각하거나 불안함을 떨쳐버려야 한다고 생각하기보다는 당연한 과정이라고 받아들이면 좋겠다.

앞서 이야기했듯이 돈은 나무와 같기 때문에 나무 앞에서 나무가 잘 크고 있는지 모르겠다며 초조해하거나 초조해하는 자신을 탓하는 것은 무의미하다. 현재 느끼는 초조함은 몇 년의 시간이 흘러 훌쩍 커버린 나무를 보면 자연스럽게 사라지는 마음이다. 재테크를 하며 따라오는 불안함은 누구나 거쳐가는 당연한 과정이다.

재테크에 결코 늦은 때란 없다

결혼할 때 영혼을 끌어다 아파트를 사서 자산이 몇 억 늘어난 직장 동료나 입사 후 꾸준히 잉여자금을 주식으로 굴려 종잣돈을 두 배 이상 불린 또래 친구를 보면서 이미 늦었다고 생각하는 이들이 있을지도 모르겠다.

나 또한 재테크를 처음 시작했던 서른 살에 가진 것은 4년 된 경차 한 대뿐이었다. 다른 친구들은 벌써 종잣돈을 몇 천, 많게는 1억 원대를 모았다고들 하는데 나는 수중에 돈 100만 원이 없었다. 서른 살, 지금은 굉장히 어린 나이라고 생각하지만 그 당시 나는 서른 살에 모아둔 종잣돈이 하나도 없으니 남들보다 크게 뒤처졌다고 느꼈다.

내가 만약 그때, 이미 늦었다며 포기했으면 어땠을까? 가끔 이런 생각이 들면 섬뜩해진다. 재테크에 늦은 때란 없다. 남보다 뒤처졌다는 사실에 집중하기보다는 지금부터 노력하면 하루하루 더 나아질 수 있다는 가능성에 집중하면 좋겠다.

이 책을 덮기 전에 독자 여러분도 책에 담긴 내용을 활용해 내 월급의 재무설계를 다시 한번 해보았으면 한다. 월급을 크게 소비, 저축, 투자 세 가지로 나눈 후, 다시 소비를 식비, 쇼핑, 필수품 등 세부 카테고리별로 나누어 예산을 짜는 것이다. 이렇게 월급 관리 계획을 세우는 것이 돈을 통제하는 일의 시작이 될 것이다. 너무 조급해하지 말고 실천하기 쉬운 것부터 하나하나 따라 하다 보면 어느새 크게 자란 나무(자산)를 마주할 수 있을 것이다.

이 자리를 빌려 평범한 직장인이었던 나를 작가로 만들어준 '미니멀 재테크 호호양' 유튜브 채널 구독자님들에게 감사한 마음을 꼭 전하고 싶다. 할 수만 있다면 계속해서 사소한 재테크 노하우들을 나누며 함께 공부하고 싶다.

또한 이 글을 읽고 있는 모든 독자들의 돈 공부를 응원한다. 이 책을 읽고 난 후 몇 년 뒤 나보다 훨씬 더 크게 성장해 있을 독자들을 기대하고 있다. 남과 비교하지 말고 자신만의 속도를 찾아 행복한 부자의 길로 들어서길 바란다.

나 또한 계속해서 가계부 코칭과 여러 강의를 통해 평범한 사람들의 돈 관리를 돕고 내가 가진 노하우를 나누며 그들과 함께 성장해나갈 것이다.

마지막으로, 겁쟁이였던 나를 꿈꿀 수 있도록 옆에서 늘 격려해준 남편에게 감사한 마음을 전한다.

부록

꼭 알고 있어야 하는
전세 계약의 모든 것

내가 지인들에게 가장 많이 받는 질문 중에 하나는 전세 계약에 관련된 것이다. 아무래도 사회 초년생들이 처음 임대차계약을 하다 보면 어떤 것을 챙겨야 하는지 막막해 하는 경우가 많기 때문이다. 금수저로 태어나지 않은 이상 살면서 적어도 한 번 이상 전세 계약을 경험하게 된다. 그런데 성인이 될 때까지 부동산 계약서 보는 방법조차 누구 하나 제대로 알려주는 사람이 없다.

그래서 부동산 거래 경험이 없는 사회 초년생이나 신혼부부는 부동산 사기꾼들의 표적이 되기 쉽다. 사기를 당하거나 갑자기 계약한 집이 경매로 넘어가 피 같은 보증금을 날리지 않으려면 대비가 필요하다. 그래서 알고 있으면 도움 되는 전세 계약 과정부터 사회 초년생이 필수로 알고 있어야 할 전세 계약 시 주의사항을 이야기해보려고 한다.

부동산 중개사무소 고르는 팁

우선 전셋집을 구하기로 마음먹었다면 내 예산에 맞는 지역을 선정하고 부동산 중개사무소부터 방문해야 한다. 그런데 처음으로 집을 구하는 사회 초년생이나 신혼부부라면 부동산 중개사무소 방문이 참 어렵게 느껴진다.

가장 쉽게 접근할 수 있는 방법은 부동산 앱을 통해 시장조사를 하고 원하는 매물을 올린 부동산 중개사무소에 전화해 예약하고 방문하는 것이다. 미리 예약하지 않으면 세입자와 연락이 안 돼 집을 보지 못할 수도 있기 때문에 귀한 시간을 절약하려면 하루 날을 잡고 미리 여러 부동산 중개사무소에 연락해 예약을 해두는 것이 현명하다.

이때 조금이라도 믿음직한 부동산 중개사무소를 고르는 팁은 많은 매물을 올린 부동산 중개사무소를 선택하는 것이다. 많은 매물을 올렸다고 무조건 좋은 부동산 중개사무소는 아니지만 올릴 때마다 수수료가 발생하는 부동산 앱에 매물을 자주 올린다는 것은 그만큼 일을 열심히 하는 부동산 중개사무소일 가능성이 크다. 업소만 차려놓고 대충 시간만 때우면서 일하는 부동산 중개사무소가 은근히 많기 때문에 나는 부동산 중개사무소가 올린 매물의 수를 꼭 확인한다.

만약 피치 못하게 예약 없이 방문해야 한다면 코너에 있는 부동산 중개사무소를 고르는 것이 좋다. 상가의 코너 자리는 다른 자리에 비해 임대료가 상대적으로 비싸기 때문에 매물을 많이 가지고 있는 물건지 부동산 중개사무소일 가능성이 크다.

최대한 발품을 팔아라!

부동산 중개사무소는 같은 동네에서 적어도 세 군데 이상 돌아다니는 것을 추천한다. 한 번에 마음에 드는 물건을 발견했다고 바로 계약하지 말고 여러 군데 돌아다니는 게 좋다. 나는 성격이 급해 한 부동산 중개사무소에서 바로 거래를 했다가 나중에 후회한 적이 여러 번 있었다. 후회하지 않기 위해서는 발품을 많이 팔아야 한다. 부동산 중개사무소도 발품을 팔아야 같은 예산에 좋은 물건을 만날 수 있다.

매물을 여러 개 봐놓고는 계약 의사를 밝히지 않으면 대놓고 불편하게 만드는 부동산 중개사무소가 있다. 그런 부동산 중개사무소는 아예 거래하지 않는 것이 좋다. 경험상 이런 부동산 중개사무소는 불편한 일이 생겼을 때 친절하게 처리해주지 않는 경우가 대부분이기 때문이다.

"이만한 물건 우리밖에 없어", "부동산 중개사무소들이 물건을 모두 서로 공유하기 때문에 다른 곳에 가도 다 매물은 똑같아", "이 매물, 주말이면 나갈 텐데 지금 계약해"라는 공인중개사들의 말은 습관처럼 하는 것이니 흘려들으면 된다. 부동산 중개사무소들도 진짜 좋은 매물, 무조건 나갈 매물이나 단골 임대인의 매물은 공유하지 않기 때문이다.

사회 초년생이나 신혼부부는 딱 봐도 부동산에 대해 잘 모르는 것처럼 보이기 마련이다. 운 좋게 아들처럼 딸처럼 생각해주는 좋은 부동산 공인중개사들을 만나면 좋겠지만 말처럼 쉽지가 않다.

오히려 대부분 "원래 다 그런 거야"라든가 "총각이 몰라서 그래"라는 말을 하며 중요한 부분도 설명해주지 않고 좋은 게 좋은 거라며 대충 넘어가려고 하는 부동산 중개사무소들이 많다. 내가 아는 지인은 가계약금까지 모두 입금한 상황에서 갑자기 계약 시에 집주인이 오지 않을 거라는 사실을 부동산 중개사무소로부터 '통보'를 받았다. 양해를 구하는 것이 아니라 원래 다 그렇게 한다며 당연하다는 듯이 통보를 한 것이다.

나는 지인에게 집주인이 오지 않으면 이 계약을 하지 못하겠다고 부동산 중개사무소에게 이야기하라고 했고, 그러자 부동산 중개사무소는 오히려 총각이 까다롭다며 불평불만을 늘어놓았다고 한다. 하지만 결국 그 친구는 주말에 집주인을 만나 계약서를 썼다. 부동산 거래에 있어서는 내가 챙기지 않으면 언제 당할지 모른다. 일반적이지 않은 상황을 유도하는 어려운 거래는 아예 하지 않는 것이 좋다.

이런 이유로 전세 계약이 처음이라면 부모님과 함께 돌아다니는 것이 가장 좋다. 하지만 여건이 안 된다면 혼자보다는 친구라도 불러서 함께 다니는 것을 추천한다. 특히, 부동산 중개사무소와의 거래 경험이 많은 자취하는 친구가 있다면 금상첨화다. 만약 둘 다 부동산 중개에 대해 잘 몰라도 듣는 귀와 보는 눈이 두 배로 늘면 그만큼 실수가 줄어든다.

부동산도 외모보다 내면이 중요하다

처음으로 집을 보러 다니면 내부 인테리어나 전망 등 외적인 부분만 집중해서 보게 된다. 하지만 집은 외적인 부분보다 수도나 배관, 난방 등 내적인 부분이 더 중요하다. 아무리 겉보기에 인테리어가 예쁜 집이라도 수압이 낮거나 배수가 잘 안 되면 샤워할 때마다 이사 생각이 간절해진다. 내 지인은 한강 전망에 꽂혀서 계약한 집이 막상 살아보니 너무 추워서 살 수가 없다고 하소연하기도 했다.

게다가 월세의 경우 집에 하자가 있을 때 집주인이 비용을 주는 경우가 많지만, 집 수리비를 세입자가 부담하거나 임대인과 공동으로 부담하는 경우가 많기 때문에 유의해야 한다. 또 만약 마음에 드는 집이 있으면 양해를 구하고 사진 촬영을 해두는 것도 의사결정에 큰 도움이 된다.

가계약금, 이것만은 꼭 확인하자!

계약하고 싶은 집이 생겼다면 부동산 중개사무소에게 계약 의사를 밝히고 임대인에게 가계약금을 이체하면 된다. 근데 가계약금은 필수가 아니라 '선택'이다. 몇 년 전부터 수도권 전세가 귀해 전셋집을 알아보는 세입자들이 매물을 선점해두기 위해 본계약 전에 가계약금을 이체하기 시작했다.

만약 본계약까지 매물을 빼앗길 염려가 없다면 굳이 가계약금을 걸어둘 필요는 없다. 여기서 주의할 점은 아무리 가계약금이라고 해도 계약 효력이 발생하기 때문에 가계약금 이체 후 계약을 파기하면 계약금을 돌려받지 못할 수도 있으니 신중하게 결정해서 이체해야 한다.

가계약금을 보내기 전에 꼭 확인해야 할 것은 등기부등본이다. 가계약금 이체 전에 등기부등본을 확인하는 것은 기본 중의 기본인데도 불구하고 챙겨주지 않는 부동산 중개사무소가 더러 있으니 꼭 기억하고 있어야 한다.

등기부등본상에 부채가 있는지, 즉 근저당이 잡힌 게 있는지 반드시 확인해야 한다. 근저당은 쉽게 말해 '돈을 빌리기 위해 이만큼 저당 잡혔다'라는 의미로 이해하면 된다. 살던 전셋집이 경매로 넘어가는 당혹스런 일을 경험하고 싶지 않다면 아무리 전세가가 저렴해도 절대 혹하지 말고 좀 비싸더라도 대출이 전혀 없는 깔끔한 집을 계약하는 것이 좋다. 전세금 몇 천 아끼려다 전 재산을 날릴 수도 있기 때문이다.

전세대출은 비교적 누구나 쉽게 받을 수 있기 때문에 보증금 몇 천만 원 대출받는 것을 아끼려다가 종잣돈을 모두 잃는 우를 범하지 말고 될 수 있으면 대출이 없는 안전한 집을 계약하자.

등기부등본을 확인했다면 등기부등본에 적힌 집주인의 이름과 가계약금 송금 계좌번호의 예금주가 같은 이름인지도 꼭 확인하고 이체해야 한다. 얼마 전에 부동산 중개사무소 중개업자가 자신

에게 가계약금을 이체하는 편이 안전하다며 집주인에게 이체하지
말고 자신의 통장에 이체하라고 권유했다는 댓글이 달렸다. 가계
약금을 등기부등본상에 적힌 임대인의 통장에 이체하지 않으면 계
약의 효력을 발생시키지 못한다. 따라서 이런 말도 안 되는 소리를
하는 부동산 공인중개사가 있다면 거래를 하지 않는 것이 좋다.

다음은 계약 날짜를 정해 집주인과 직접 만나서 계약서에 도장

등기사항전부증명서(말소사항 포함)
- 건물 -

고유번호

[건물] 서울특별시

【 표 제 부 】 (건물의 표시)

표시번호	접 수	소재지번 및 건물번호	건 물 내 역	등기원인 및 기타사항
1	2018년4월19일	서울특별시 서초구 서초동	시멘트블럭조 시멘트기와지붕 단층주택 85㎡	

【 갑 구 】 (소유권에 관한 사항)

순위번호	등 기 목 적	접 수	등 기 원 인	권 리 자 및 기 타 사 항
1	소유권보존	2018년4월19일 제549호		소유자

【 을 구 】 (소유권 이외의 권리에 관한 사항)

순위번호	등 기 목 적	접 수	등 기 원 인	권 리 자 및 기 타 사 항
1	근저당권설정	2018년4월19일 제550호	2018년4월19일 설정계약	채권최고액 채무자 근저당권자 서울특별시

— 이 하 여 백 —

**가계약금을 보내기 전, 등기부등본에서 봐야 할 것은 근저당 설정 정보와 집 주소,
집주인의 이름과 가계약금을 송금할 계좌번호의 예금주가 같은지 여부다.**

호호양의 미니멀 재테크

을 찍는 본계약이다. 나는 부동산 거래를 몇 번 경험한 뒤로 현재는 계약날 무조건 녹음을 한다. 계약 시에 임대인과 합의했던 내용도 시간이 지나면 흐려지기 때문에 녹음해두고 있다. 대망의 계약날에 꼼꼼하게 몇 가지 확실히 확인만 잘해도 내 피 같은 종잣돈을 지킬 수 있다. 딱 세 가지만 기억하면 된다. 계약서, 등기부등본, 신분증!

계약 당일, 반드시 확인해야 할 4가지

첫 번째로 확인할 것은 계약서상에 적힌 주소가 내가 보았던 집 주소와 완벽하게 일치하는지를 확인한다. 부동산 계약서에는 도로명 주소로 적혀 있으니 미리 봤던 집의 도로명 주소를 확인해 적어가는 것이 좋다.

또 계약서에 있는 세부 조항을 꼼꼼하게 읽어봐야 한다. 도장을 찍고 나면 모든 조항에 동의한다는 것과 다름없기 때문에 도장을 찍기 전에 놓치는 것이 없는지 확인해야 한다. 계약서를 보다가 이해가 안 되는 조항이 있는 경우 반드시 질문하고 추가하고 싶거나 협의하고 싶은 내용은 요청한다.

두 번째는 계약서상에 있는 임대인의 정보와 신분증상의 정보가 일치하는지, 그리고 신분증에 있는 사진과 임대인의 얼굴이 일치하는지를 확인한다. 세 번째는 전세보증금이 합의된 내용과 일치하는지를 다시 한 번 확인한다. 네 번째로 등기부등본에서 확인할 부분은 주소가 계약서상의 주소와 일치하는지, 발급 날짜가 계약 당일 날짜인지를 확인한다.

　대출을 받아놓고 몇 주 전에 프린트한 근저당 없는 깨끗한 등기부등본을 보여줄 수도 있기 때문에 계약일자가 찍힌 등기부등본인지 반드시 확인해야 한다. 일 잘하는 부동산 중개사무소들은 미리 뽑아두지 않고 임차인이 부동산 중개사무소에 도착하면 그때 등기부등본을 프린트해서 준다.

　혹시나 계약을 하고 나서 입주 전에 집주인이 대출을 받으면 어쩌나 걱정이 된다면 계약 전 공인중개사에게 계약서에 이런 조항을 추가해달라고 요청하면 된다. "임대인은 잔금 지금일이 경과하기 전까지 근저당권 설정 행위를 하지 않고, 위반할 경우에는 계약을 무효로 한다."

　대출받을 생각이 없는 임대인의 경우 이 조항을 꺼릴 이유가 없기 때문에 눈치 볼 필요가 없다. 계약서, 신분증, 등기부등본에 모두 이상이 없을 시 계약금을 이체한다. 은행의 이체 한도를 높여두지 않아 이체가 막혀 은행으로 달려가게 되는 일을 겪지 않으려면 계약 전에 미리 이체 한도를 높여두어야 한다.

계약 후 잊지 말아야 할 것!

　계약금을 무사히 입금했다면 영수증을 받고 바로 주민센터에 가서 확정일자를 받아야 한다. '확정일자'라는 것은 주택임대차계약을 체결한 날짜를 증명하기 위해 공식적으로 기록해두는 것이다. 확정일자를 받아두는 이유는 내 보증금을 지키기 위해서다. 귀찮아도 꼭 계약 당일 받아두는 것이 좋다. 또 만약 대출을 계획하고 있다면 대출 승인을 받기 위해서는 확정일자 도장을 계약서에 반드시 받아야 한다.

내 전세보증금을 지키기 위해 마지막으로 해야 할 일은 잔금 일에 '전입신고'를 하는 것이다. 전입신고를 하루라도 늦게 하면 집이 경매로 넘어갔을 때 대항력(임대주택의 입주자가 임대사업자나 임대사업자로부터 임대주택의 소유권을 양수한 제3자에게 임대차계약 기간 동안 그 임대주택에서 퇴거당하지 않고 생활하며 대항할 수 있는 것)을 발휘하지 못할 수도 있다. 그래서 잔금을 치른 당일에 전입신고를 해야 한다. 주말에 이사하는 경우는 인터넷등기소에서 전입신고를 할 수 있다.

잔금을 치르고 계약이 마무리되면 부동산 중개수수료를 지불한다. 중개수수료는 모두 현금영수증 의무 발행 업종이다. 그런데 잘 모르는 사회 초년생들에게는 공인중개사들이 먼저 현금영수증을 발행해주지 않는 경우가 종종 있다. 나도 나중에 다시 방문해서 현금영수증을 요청한 일이 여러 번 있었다. 두 번 걸음하지 않기 위해서라도 중개수수료를 이체할 때 현금영수증을 요청해야 한다.

전세 만기 시 유념할 내용들

전세 만기가 다가오면 두 가지 선택지가 있다. 현재 살고 있는 집에 더 살고 싶은 경우와 다른 집으로 이사 가고 싶은 경우가 있다. 임대차 3법에 따라 임차인은 임대인에게 임대차 기간 종료 6개월에서 2개월 전에 계약갱신청구권을 행사할 수 있다. 계약갱신청구권을 행사하면 전세보증금의 인상없이 전세 계약을 2년 더 연장할 수 있다.

따라서 계속 살고 싶다면 반드시 이 기간 내에 임대인에게 의사를 통보해야 한다. 다만, 임대인이 실거주할 예정이라면 갱신이 거절될 수 있다. 만약 임대인이 실거주하겠다고 해서 이사를 했는데 임대인이 다른 세입자를 받을 경우 집주인은 임차인에게 손해배상의 책임을 지게 된다.

새로운 전셋집으로 이사 가고 싶은 경우 주의할 점은 절대로 살고 있는 집 전세가 나가기 전에 미리 이사 나갈 집을 계약하면 안된다는 것이다. 나는 두 번째 전셋집으로 이사 갈 때 이와 같은 실수를 해서 고생한 경험이 있다. 전셋집이 너무 잘 나가던 때라 '설마 살고 있는 집이 제때 안 나가겠어?'라고 예상하며 이사 갈 집을 먼저 계약했는데 생각처럼 전세가 빨리 나가질 않았다.

한 달 동안 집을 보러 오는 사람만 있고 계약하는 사람이 없어서 마음을 졸이다가 겨우겨우 이사 날짜를 맞출 수 있었다. 임대인 입장에서는 전세 계약 만기가 와도 다음 세입자를 구하지 못하면 전세보증금을 돌려주지 못한다. 법적으로는 계약 만기일에는 무조건 보증금을 돌려주는 것이 맞지만 그만큼 여유자금을 보유하고 있는 임대인은 없기 때문이다.

이를 잘 모르는 신혼부부나 사회 초년생들이 법대로 계약 만기만 되면 보증금을 돌려받을 수 있다고 생각하고 미리 다음 전셋집을 계약해두는 경우를 많이 보았다. 법적 분쟁으로 가도 어차피 시

호호양의 미니멀 재테크

간이 오래 걸리기 때문에 바로 보증금을 돌려받는 것은 어려워 여러모로 피해보는 것은 임차인이므로 다음 세입자가 구해진 이후에 이사 갈 집을 알아보는 것이 현명하다.

만약 근저당이 잡혀 있는 집을 계약하고 싶거나 살고 있는 집이 경매로 넘어가면 어떻게 하나 걱정이 된다면 '전세보증보험'에 가입하는 것이 좋다. 전세보증보험이란 집주인이 여러 이유로 전세금을 돌려주지 못할 경우 임대인에게 받지 못한 전세금을 주택도시보증공사를 통해 돌려받는 제도이다. 이는 전세 계약이 1년 이상 남아 있을 때 가입이 가능하다.

KI신서 9617

호호양의 미니멀 재테크

1판 1쇄 인쇄 2021년 3월 15일
1판 3쇄 발행 2023년 2월 17일

지은이 전유경
펴낸이 김영곤
펴낸곳 (주)북이십일 21세기북스

출판마케팅영업본부 본부장 민안기
출판영업팀 최명열 김다운
제작팀 이영민 권경민
디자인 design S

출판등록 2000년 5월 6일 제406-2003-061호
주소 (10881) 경기도 파주시 회동길 201(문발동)
대표전화 031-955-2100 **팩스** 031-955-2151 **이메일** book21@book21.co.kr

(주)북이십일 경계를 허무는 콘텐츠 리더

21세기북스 채널에서 도서 정보와 다양한 영상자료, 이벤트를 만나세요!
페이스북 facebook.com/jiinpill21   포스트 post.naver.com/21c_editors
인스타그램 instagram.com/jiinpill21   홈페이지 www.book21.com
유튜브 www.youtube.com/book21pub

서울대 가지 않아도 들을 수 있는 명강의! 〈서가명강〉
유튜브, 네이버, 팟캐스트에서 '서가명강'을 검색해보세요!

ⓒ 전유경, 2021

ISBN 978-89-509-9460-0 03320